大眾心理館

鄭石岩作品集

親職與教育 2

大眾心理館
鄭石岩作品集 親職與教育 ❷

發揮創意教孩子

培養主動學習、樂觀上進的教導新點子

作者——鄭石岩
執行主編——林淑慎
美術設計——唐壽南
發行人——王榮文
出版發行——遠流出版事業股份有限公司
100臺北市南昌路二段81號6樓
郵撥／0189456-1
電話／2392-6899　傳真／2392-6658
法律顧問——董安丹律師
著作權顧問——蕭雄淋律師
□2006年11月16日　二版一刷
□2014年 3 月 1 日　二版四刷
行政院新聞局局版臺業字第1295號
售價新台幣240元（缺頁或破損的書，請寄回更換）

ISBN-10 957-32-5923-0
ISBN-13 978-957-32-5923-7
ylib 遠流博識網
http://www.ylib.com　E-mail: ylib@ylib.com

發揮創意教孩子

培養主動學習、樂觀上進的教導新點子

鄭石岩／著

總序

我的創作歷程

鄭石岩

寫作是我生涯中的一個枝椏，隨緣長出的根芽，卻開出許多花朵，結成一串累累的果子。

我寫作的著眼點，是想透過理論與實務的結合，闡釋現代人生活適應之道，提倡正確的教育觀念和方法，幫助每個人心智成長。透過東西文化的融合，尋找美好人生的線索。我細心的觀察、體驗和研究，繼而流露於筆端，寫出這些作品。書中有隨緣觀察的心得，有實務經驗的發現，有理論的引用，也有對現實生活的回應。在忙碌的工作和生活中，我採取細水長流，每天做一點，積少成多。

從第一本作品出版到現在，已經寫了四十幾本書。這些書都與禪佛學、教育、親職、心靈、諮商與輔導有關。寫作題材從艱深的禪學、唯識及心靈課題，到日常生活的調適和心智成長，都保持深入淺出、人人能懂的風格。艱澀冗長的理論不易被理解，特化作活潑實用的知識，使讀者在閱讀時，容易共鳴、領會、受用。因此，這些書都有不錯的評價和讀者的喜愛。

每當演講或學術討論會後，或在機場、車站等公共場所時，總是有讀者朋友向我招呼，表達受惠於這些著作。他們告訴我「你的書陪伴我度過人生最困難的歲月」，或說「我是讀你的書長大茁壯的」。身為一個作者，最大的感動和安慰，就在這些真誠的回應上：歡喜看到這些書在國內外及中國大陸，對現代人心靈生活的提升，發揮了影響力。

多年來持續寫作的心願，是為研究、發現及傳遞現代人生活與工作適應的知識和智慧。所以當遠流規劃在【大眾心理館】裡開闢【鄭石岩作品集】，期望能更有效服務讀者的需要，並囑我寫序時，心中真有無比的喜悅。

我在三十九歲之前，從來沒有想過要筆耕寫作。除了學術論文發表之外，沒想過要從事創作。一九八三年的一場登山意外，不慎跌落山谷，脊椎嚴重受創，下半身麻痺，面臨殘障不良於行的危機。那時病假治傷，不能上班，不多久，情緒掉到谷底，憂鬱沮喪化作滿面愁容。

秀真一直非常耐心地陪伴我，聽我傾訴憂慮和不安。有一天傍晚，她以佛門同修的立場警惕我說：「先生！你學的是心理諮商，從小就修持佛法；你懂得如何助人，也常常在各地演講。現在自己碰到難題，卻用不出來。看來你能講給別人聽，自己卻不受用。」

我聽完她的警語，心中有些慚愧，也有些省悟。我默然沉思良久。我知道必須接納現實，去面對眼前的困境。當晚九時許，我對秀真說：「我已了然於心，即使未來不良於行，也要坐在輪椅上，繼續我的教育和弘化工作，活得開心，活得有意義才行。」

她好奇的問道：「那就太好了！你準備怎麼做呢？」

我堅定的回答：「我決心寫作，就從現在開始。請你為我取下參閱的書籍，準備需要的紙筆，以及一塊家裡現成的棋盤作墊板。」

當天短短的對話，卻從無助絕望的困境，看到新的意義和希望。我期許自己，把東方的禪佛學和西方的心理學結合起來，變成生活的智慧；鼓勵自己，把學過的理論和累積的實務經驗融合在一起，成為活潑實用的生活新知，分享給廣大的讀者。

邊研究邊寫作，邊修持邊療傷，健康慢慢有了轉機，能回復上班工作。歷經兩年的煎熬，傷勢大部分康復，寫作卻成為業餘的愛好。從一九八五年出版第一本書開始，所有著作都經秀真校對，並給予許多建議和指教。有她的支持，一起分享作品的內容，而使寫作變得更有趣。

住院治療期間，老友王榮文先生，遠流出版公司的董事長，到醫院探視。我送給他一本佛學的演講稿，本意是希望他也能學佛，沒想到過了幾天，他卻到醫院告訴我：「我要出版這本書。」

我驚訝地說：「那是佛學講義，你把講義當書來出，屆時賣不出去，你會虧本的。這樣我心不安，不行的。」

他說：「那麼就請你把它寫成大家喜歡讀的書，反正我要出版。」

就這樣允諾稿約，經過修改增補，《清心與自在》於焉出版，而且很快暢銷起來。因為那是第一本融合佛學與心理學的創作，受到好評殊多。爾後的每一本書，都針對一個現實的主題，紮根在心理、佛學和教育的學術領域，活化應用於現實生活。

禪佛學自一九八五年開始，在學術界和企業界，逐漸蔚成風氣，形成管理心理學的一部分，企業界更提倡禪式管理、禪的個人修持，都與這一系列的書籍出版有關。

後來我將關注焦點轉移到教育和親職，相關作品提醒為師為親者應注意到心理健康、學生輔導、情緒教育等，對教育界也產生廣泛的影響。教師的愛被視為是一種能力，親職技巧受到更多重視，我的書符合了大家的需要，並受到肯定，例如《覺・教導的智慧》一書就獲頒行政院新聞局金鼎獎。

在實務工作中，我發現心靈成長和勵志的知識，對每一個人都非常重要。於是我著手寫了好幾本這方面的作品，許多家長把這些書帶進家庭，促進親子間的和諧，並幫助年輕人心智成長；許多大學生和初踏進社會的新鮮人，都是這些書的讀者。許多民間團體和讀書會，也推薦閱讀這些作品。

唯識學是佛學中的心理學，我發現它是華人社會中很好的諮商心理學。不過原典艱澀難懂，於是我著手整理和解釋，融會心理學的知識，變成一套唯識心理學系列。此外，禪與諮商輔導亦有密切的關係，我把它整理為禪式諮商，兼具理論基礎和實用價值，對於現代人的憂鬱、焦慮和暴力，有良好的對治效果。目前禪與唯識，在心理諮商與輔導的應用面，不只台灣和大陸在蓬勃發展，全世界華人社會也用得普遍。每年我要在國內外，作許多場次的研習和演講，正是這個趨勢的寫照。

二十年來我在寫作上的靈感和素材源源不絕，是因為關心現代人生活的適應問題和心理健康。我從事心理諮商的研究和實務工作超過三十年，個案從兒童青少年到青壯年及老年都有；類別包括心理調適、生涯、婚姻諮商等，我也參與臨終諮商及安寧病房的推動工作。對於人類心靈生活的興趣，源自個人的關心；當我晤談的個案越多，對心理和心靈的調適，領會也越深。

我的生涯歷練相當豐富。年少時家境窮困，為了謀生而打工務農，當過建築工、水果販、小批發商、大批發商。經濟能力稍好，才有機會念大學。後來我當過中學老師，在大學任教多年，擔任過簡任公務員，也負責主管全國各級學校訓輔工作多年，實務上有許多的磨練。

我很感恩母親，從小鼓勵我上進，教我去做生意營生。她在我七歲時，就帶我入佛門學佛，讓我有機會接觸佛法，接近諸山長老和高僧，打下良好的佛學根柢。我也很感恩許多長輩，給我機會參與國家科技推動工作長達十餘年，從而了解社會、經濟、文化和心理特質，是個人心靈生活的關鍵因素。如果我觀察個案的眼光稍稍開闊一些，助人的技巧稍微靈活一點，都是因為這些歷練所賜。在寫作時，每一本書的視野，也變得寬博和活潑實用。

現在我已過耳順之年，但還是對於二十餘年前受重傷所發的心願，珍惜和努力不已。希望在有生之年，還有更多精神力從事這方面的研究和寫作。寫作、助人及以書度人，是我生命意義中很重要的一部分，我會法喜充滿地繼續工作下去。

發揮創意教孩子

目錄

第二篇

創意的管教要領

第三篇 發展生活適應能力

第四篇 增進心理健康

第五篇 啟發主動的學習態度

新版序

親職教育以創意為本

父母發揮創意，活潑運用必備的教導知識和技巧，能有效管教孩子，培養其適應力，發展主動學習和心理健康；而且創意能誘發創意，父母就在創意的身教之中，開啓了孩子的創意思考和創意人生。

創意是一種彈性思考，透過它我們能面對現實，思考解決問題。教育子女時，父母透過所學的知識和經驗，形成認知基模（schemas），去思考、試探和尋找最恰當的教導方式，幫助孩子心智和人格的健全發展。這個過程在心理學上稱為調適（accommodation）。父母的教導方式恰當，得到成效，對教導孩子有了進一步的體驗，就會把這些經驗吸收同化（assimilation），成為自己新的認知基模，從而領會出更多有效教育子女的技巧，啓發孩子學習、成長和適應能力，並促進孩子創意的發展。

創意使親職發揮效能，產生有能力的愛。它不但有助孩子心智發展，提升學習效能，並能增益孩子的心理健康和情緒的穩定性，從而發展其主動性，促進孩子潛能的開發。

創意的教導方法，可以幫助父母經營孩子所需要的豐富環境，掌握管教的訣竅，發展適應力。不過創意教導方法必須學習，才能建立起碼的認知基模。

多年來我從事心理輔導與諮商的實務研究，了解父母對子女的關愛有餘，但教導的方法和創意不足。於是在教導子女時，容易出現困難和衝突，造成親子間的緊張，甚至影響孩子的學習和成長。我相信這本書，能提供基本的教育技巧和原理，並幫助父母發展教導的認知基模和創意。

多年來的觀察，我也發現許多父母，只強調課業成績，以為孩子的學業成就就是教導的全部。他們疏忽了人際關係、待人接物、品格發展和心靈成長的教導，尤其是過度的照顧，使孩子失去生活試探和體驗的機會，以致生活經驗不足，接受挑戰和磨練的機會不夠，而不能發展出自己的興趣和價值觀念。當孩子長大成人，即使大學畢業了，仍有以下的現象：

1. 不清楚自己要做什麼，在工作生涯中不斷的嘗試、放棄和更換，以致無法累積經驗和能力，造成人浮於事的現象。

2. 沒有發展出自己的專業能力或職業技能，在生涯發展上陷入迷茫和困擾，甚至因而墮落，一蹶不振。

3. 社會化不足，缺乏人際互動和合作能力；同理心不夠，不能了解別人的角色、立場和想法，從而造成適應困難。

4. 過多的負面情緒，諸如擔心懼怕而產生焦慮，無助悲傷和沮喪而造成憂鬱，敵意對立引發憤怒和暴力。這類負面情緒嚴重干擾其生活和工作效能。

5. 不願意負起責任，不肯吃苦，待在家裡遊手好閒；或者白天睡覺，晚上迷戀在網路上。長期依賴父母，又常與父母衝突，關係緊張。

父母辛苦教導孩子，從出生到成人，投入的心血和努力難以估計。如果孩子有上述的現象，父母會很痛心，尤其當孩子出現心理障礙和犯罪行為，就更令父母難受和心酸。於是，現代的父母要及早發揮創意，用正確的觀念和教導方法，把孩子帶好，引導他們走向光明的人生。

教導子女的知識和技巧，父母所知越少就越缺乏彈性和創意，方法就越僵化和武斷。這時，孩子的固執和對立器質若太強，就容易發生衝突，甚或離家出走，投入不良團體，而走向犯罪之路。如果孩子的依賴和柔順器質過高，則會塑造出屈服性格，而失去獨立和自主性，造成社會適應上的困難。

我素來提倡多學習教導的新知和技巧，並作活潑運用，以符合孩子健康成長的需要。我相信創意的教導，能引領孩子主動好學，陶冶良好的情緒習慣，培養思考和解決問題的能力，發展生活和生涯的適應力，從而建立其生命的意義與價值系統。而這本書就是父母展現創意教導的方要。

教導是循序漸進的過程，因材施教隨機化育。它不是浪漫、隨興和歡娛的事，而是一件嚴肅，需要努力以赴的大事。個中有喜樂輕鬆的陶冶，有嚴格訓練的教導；有愛與溫暖的麗日春風，有堅持原則的嚴格和肅穆。父母必須巧妙的把握每一個契機，作育子女成材，引導他們走向光明的未來。它的關鍵是創意的教導。

創意的教導孕育孩子的實力和創意。而豐富的教導知識和實踐方法，是父母啓動創意的匙鑰。這本書提供父母有效教導子女的知識與技巧，熟練這些觀念和方法，就能發揮自己的創意，靈活運用，引導孩子走向自我實現的人生。

這本書出版以來，受到許多讀者的肯定；不少讀書會和教育團體，將它列為必讀的書籍，並邀我演講和討論。由於這六十個主題，都是教育子女必然面對的問題，加上扼要解釋與具體的回應之道，許多父母都表示非常受用。對於已經讀過這本書的父母，我建議能進一步涉覽《教導孩子成材》，相信會增加更多教導的智慧，成為孩子生涯的領航人。

原序

父母不可不知的教導技巧

為了提高教育效能，培養新世代孩子適應高科技的社會生活，教育越來越需要專業知識。教師必須不斷學習教導的專業和本行的新知，家長亦需要新的教育知能，而這本書是為家長寫的，是父母不可不知的教導技巧。

家庭是孩子孕育學習態度和生活適應能力的搖籃。孩子早期的生活經驗，影響其心智發展殊大；即使在學期間，父母對其生活與學習，同樣扮演舉足輕重的角色。父母所建構的家庭功能，對孩子的人格發展和學習態度，具有決定性的影響。

我們生活在資訊化的時代，高科技推陳出新，經濟生活及消費方式日新月異，產製過程和行業的消長不斷翻新。因此，人如果沒有養成主動學習的習慣，原來賴以維生的行業知能或技術，不久就不敷使用或被淘汰，造成失業的困境。所以先進國家都很強調「學習革命」，要求人們重視孩子主動學習，並學習如何學習的能力。

產業的變遷，牽動職場和生活的調適，這是很現實的問題。如果不重視生活調適能力的養成，孩子將會在承受變遷、競爭和學習的壓力中，變得焦慮、退卻或身心失調。如果不注意學習態度的培養，知識半衰期一過，在職場上很可能面臨失敗。依據推估，目前總人口中受過最好專業訓練的百分之二十，其產值佔百分之五十，但到了公元二〇二〇年，會擴大到佔總產值的百分之六十以上；值得注意的是，屆時總人口中後面百分之二十的人，所佔產值只有百分之二。因此，這個世紀將面臨更多生活、工作和學習的壓力，調適之道唯有不斷地學習新知，跟上時代的腳步。於是孩子的教育就必須特別重視生活適應和主動學習態度的養成。

在這個資訊充斥的時代，孩子是在電視、電影和電腦網路中長大的。他們吸收許多似是而非、零碎而不合現實的生活訊息，卻以為它是真實的世界。尤其在網路上以虛擬的角色與他人交談，代替人際互動的經驗，容易發展成虛擬人格的特質。這樣的孩子往往缺乏挫折容忍力，眼高手低，不切實際，容易挫敗沮喪。他們看起來知道得很多，但生活能力不足，因而衍生出許多心理健康的問題。這是現代父母必須關心的重要課題。

此外，年輕的父母大都是雙薪的上班族，工作忙碌，與孩子相處的時間有限，對孩子的管教往往操之過急，或者疏於管教，或方法有偏差，以致孩子在生活和學習上產生困擾。我身為諮商工作者，歷經多年的觀察，研究諸多社會變遷的因素，知道現代父母教育子女需要新知，甚至要把它當做一種專業來看。於是，我寫這本書，特別強調父母的創意，把握心理學原理和教育學上的方法，教導孩子心智成長，走出亮麗的人生。它的主要架構是：

1. 創造有利的成長因素
2. 創意的管教要領
3. 發展生活適應能力
4. 增進心理健康
5. 啓發主動的學習態度

這本書由六十篇短文構成，就日常生活中一個個實際教育子女的問題做具體的陳述，並提出解決的方法，供父母做創意的應用。這些教導的觀念、知能和技巧，係融合心理學研究的發現和實際個案的經驗，相信它能為父母帶來實用與方便，同時也為國民中、小學教師，提供教學省思和親職教育的素材。

本書於公元二〇〇〇年前後一年餘，在《國語日報》以專欄方式刊出，受到廣大讀者的歡迎和鼓勵，許多讀者甚至以電話和信函諮詢，希望讀到全部的作品。為滿足大家的期望，遂將它集結成書，裨便大眾閱讀應用。

我要感謝《國語日報》提供園地長期刊載這些文章，為讀者提供新知，也讓我有發表的機緣。相信這本教育子女的書，將為父母帶來很實用的教導創意。

第一篇 創造有利的成長因素

孩子心智的成長，有其必要的環境條件，有人說富裕的環境是成長的條件，也有人說家庭幸福、父母和諧是孩子成長的條件。但這兩者之中，後者顯然要比前者重要得多，因為和諧幸福的家庭提供了安全感、人際關係和健全人格的基本因素。

幸福和諧的家庭固然很重要，但父母親對子女身心成長的關心，並以創意引導孩子心智發展，則是孩子是否能成材的關鍵性因素。

一位肯花心血學習解決問題的父母，孩子會在耳濡目染中學會思考和勤奮。父母肯帶領孩子觀察周遭事物，透過歸納和思考，尋找正確答案的學習型家庭，必然也能啓發孩子，讓孩子變得更有能力，更能有效地克服困難。

我們生活在一個高科技的社會，生產技術不斷地改變，社會變遷快速，職場的變動更是難以捉摸。比如台北市的捷運系統開始運作，帶來繁榮和便捷，但許多計程車司機和公車駕駛人，則面臨著新的職場調適；網路下單和物流觀念的風行，也牽動許多行業的更替。因此這個時代的教育，要重視心智成長和學習能力的培養，否則孩子長大成人後，在職場上的適應能力將大大受到限制。

孩子的道德教育，已經不是以恪守道德規範為滿足。生活在一個自由開放的社會，必須同時學會道德判斷，它既是一項人格教育，同時也是智慧的啓發。

心理學研究指出，每個孩子都有潛能；多元智慧的發現也告訴我們，每一個孩子都有獨特的天賦。教育的目的在於啓發個人唯一獨特的心智結構，讓他發揮潛能，走上光明的人生路。

於是，我們要費心安排孩子心智成長的有利因素，要用創意去引發、鼓勵和協助孩子，而非抱著刻板、傳統的觀念不放。父母親要用更多的創意來安排孩子成長的有利條件，這些條件便是新世代家庭教育的軟體。依我的研究和諮商實際經驗，在此提出幾個重點供父母親參考。

1. 對孩子要抱以厚望，而且期望要高。請注意，期望不是你的欲望，而是堅信孩子會更好，無論教導上遭遇任何挫折，都不會對孩子失望和絕望。
2. 建立一個強固的家庭，表現互愛、和藹、啓發和包容，並建立親密的人際互動關係。
3. 成為稱職的父母，保持正確的教導態度，維持良好的溝通技巧，不要為管教孩子而爭吵。
4. 提防自己任性對待孩子，避免被孩子激怒，或者在無意中傷害孩子。

5. 孩子的假日、生活與學習，需要你協助安排。等他們漸漸長大後，要逐步交給他們更多自治的空間。

這一篇裡所提供的創意點子，主要在奠定孩子心智成長的基本條件。父母親若能掌握這些要領，運用在家庭教育上，等於為孩子打下發展的堅實根基。這些要領，對於國民中小學教師亦極具參考價值。

希望父母和教師能共同為孩子的心智成長，創造更多有利的因素。

1

對孩子期望要高

父母有信心就能在言談中發揮鼓勵作用

壓力好像是現代人的夢魘，什麼不順遂的事都和它聯想在一起。健康出問題，說是壓力惹的禍；生活調適不良，也歸因於壓力導致的；孩子行為有了偏差，壓力更是脫不了關係。

人人談壓力色變。父母親為了孩子好，儘量不給孩子壓力。於是，不敢對孩子抱著較高的期望，結果相信孩子能夠力爭上游的信心便受到限制。

父母要有信心，相信孩子是上進的，以此對待孩子，孩子就有上進的表現。

一位母親來晤談，她說：「我的孩子成績不如人，怎樣才能幫助他開展健全的人生？」我說：

「要對孩子抱以厚望，要有信心。」

「他成績不如人，才華不如人，怎麼可能對他抱以厚望呢？」

「無論成績好壞，都要對孩子抱以厚望，你才會看重他，不會貶抑他、批評他。只要你認為他有潛能，他就會有信心走出正確的人生路。」

這位母親半信半疑，所以我將自己的成長經驗告訴她：我小的時候成績也不好，但母親沒有批評過我，沒有對我表示失望過，倒是常常聽到她說：「考幾分沒關係，只要努力就好，將來一定有好前途。」母親一直給我很高的期望，但從來不批評或責備我的成績。

她聽得進去，頷首表示同意。於是，我進一步解釋心理學家羅森陶和傑克森（Robert Rosenthal & Lenore Jacobson）的研究。他們發現，教師如果對學生抱持高度的期望，會對學生產生良好的激勵。

這個研究是學年開始時，心理學家在每班找出五個學生，說是經過測驗篩選出來最具發展潛能的孩子。實際上這些孩子都是隨機取樣得來的。當這些名單公布之後，由於老師相信榜上有名的孩子最具有潛力，即使現在成績不好，亦相信將來他們會有好的表現，於是在言行之中對孩子抱持高度期望，而產生激勵作用。一年之後，這些孩子的成績和智商都明顯提高。

這位母親專心地聽我解釋，頻頻點頭表示有所領會。我接著告訴她：「對孩子抱著厚望，與對孩子有信心，這兩種心情是分不開的。」當父母對孩子有信心，寄以厚望，就能在表情言談中，發生鼓勵作用。

英國二次大戰時的首相邱吉爾（Winston L. S. Churchill），在國小時成績落後，又調皮，許多人都對他很失望。但他的老師卻抱以厚望，並對他說：「我相信你會走出一條光明的路來。」邱吉爾後來努力向上，對國家和世界和平貢獻卓著。在他的回憶中，他常想著，他的老師對他抱以厚望的激勵。

每一個孩子都有唯一獨特的天賦，不要拿他跟別人比較，而要對他寄予厚望，他就不會辜負你所望，並且走出他自己亮麗的未來。

2 發自愛心的厚望

重視孩子的天賦並真心相信他做得到

無論孩子平常的表現是否乖巧，在校成績是好是壞，父母都要對孩子保持信心、愛和希望。親子之間的互動，只要父母對孩子失去希望，很容易因情急而說出傷害孩子自尊的話，諸如「數學成績這麼差，根本沒前途！」「老是粗心大意，改不過來，我看你沒指望了！」「你這笨蛋，沒出息！」

父母親指導孩子功課、待人接物和日常生活行為時，孩子的錯誤若一再出現，挫折感不免油然而生，頓時覺得失望沮喪。這時，你會對孩子做出絕望的表情，從而傷害孩子的自尊、信心和主動性。當然，孩子也會因氣憤而疏遠你，甚至觸發反抗或衝突的行為。

心理學的研究發現，親子之間的情意溝通，辭彙傳遞的比例約佔百分之七，語氣佔百分之三十八，表情和當時的肢體動作則佔百分之五十五。當父母親開始對子女擔心、失望、無奈時，和孩子說話的語氣、語調、表情和肢體動作，便會直接傳輸失望或絕望的訊息。如果一時情急，又說了一些洩氣的話，那麼你給孩子傳輸的訊息，就幾乎全是負面的。

〈對孩子期望要高〉一文在《國語日報》刊出之後，有好幾位父母來函，希望做深入一點的說明，好正確掌握要領。其中有一位母親說：「我念五年級的孩子，各科表現都好，唯獨數學成績不佳，對它缺乏信心。我花功夫教他，加強練習，抱以厚望，結果卻不見起色，反而弄得厭惡學習，成績低落，連其他科目也考不好。」

這位母親對孩子的愛令我敬佩，肯付出時間教孩子也令人激賞，但她的來信中充分表現出失望和擔憂，就是這些情緒和態度，破壞了之前所做的努力。從現在開始，只要能警覺，不讓這些負面的情緒和態度襲上心頭，你的努力就會成功。

其次，要把欲望（野心）和希望做個區隔。欲望是父母的，是大人對孩子的前途和表現所做的預設。我們往往用它來批評和挑剔，而以為這就是教育。事實上，這容易給孩子帶來挫折，使他們漸漸陷入被動的心態，即使你用鼓勵的話語，也不容易有好效果。

希望與欲望不同，父母在與孩子相處中，要真心相信孩子能走向正當的人生，相信孩子能適應他的未來生活，並抱以厚望。我們當然要指導孩子待人接物、做學問和思考的方法，但絕不會因成績不好而對他表示失望，也不會為一時犯錯而預言他前途無望。我們不斷努力，說的和做的都表現出對未來的厚望，這種熱情和歡喜心，就容易把孩子教好。

每一個孩子都有其獨特的天賦，沒有一個孩子是十全十美的。因此，多欣賞孩子的長處，孩子會越來越好，而且有勇氣去克服他的缺點。反之，挑剔越多，孩子生活在絕望之中，結果把自己的看家本領也壓抑下去了。

請記住，要抱著厚望去教育孩子，而非抱著欲望或野心，這樣才能把孩子教好。

3 強固家庭中的孩子

投注精神和時間經營家庭生活

家庭是一個結構性的組織，其互愛、包容、教育、經濟生活及文化傳遞等功能，總在不知不覺中進行。家庭關係如果強固，彼此間的人際支持緊密，就能突破種種困難，保持成員康強。

脆弱的家庭往往培養出脆弱的孩子。成人情緒化的行為，不負責任和任性的生活態度，以及伴隨而來的衝突、沮喪和絕望，會使天真活潑的孩子性格丕變。

所以，你要決志培養一個健全的家庭，它不但關係個人生活的幸福，同時也是孩子成長的樂土。史汀尼和迪法蘭（Nick Stinnett & John De Frain）曾經研究過三千多個健全的家庭，發現這些家庭的共同特色是：投入精神，找時間在一起，互相欣賞、溝通和澄清誤會，有精神寄託，懂得應付危機。這些因素也同時涵養了孩子，在未來的生活中擁有這些本事，創造他們美好的人生。

因此經營一個強固的家庭應該注意：

1. 要投注精神和熱情，經營家庭的活動，創造和樂的氣氛。
2. 找時間在一起工作、遊戲、吃飯和閒聊。一項研究指出，兒童認為形成家庭快樂的事情是，大家在一起做事情。
3. 經常抱持欣賞的態度看家人，會激勵更多自愛和自治，一味指正反而造成諸多隔閡和疏離。平常能欣賞孩子，要求他改正錯誤時，才容易被接受。
4. 在家庭中吹毛求疵，故意貶抑和譏諷孩子，足以損害孩子健康的自尊，同時也會造成冷漠和人際溝通上的障礙。
5. 家庭溝通在於肯花時間閒聊，發現孩子需要你支持、安慰和分享的心事。許多家庭把溝通當談判，要孩子就範，那是一種錯誤；正確的溝通要用在澄清誤會、交換意見和釐清事理上。

6. 家庭要有良好的精神寄託，促進愛心、責任和對生命的珍愛，這需要有家庭的紀念日、宗教活動和恪守道德信念的行動表現。

7. 家庭有任何危機，例如有人考試失敗，有人工作不順利，或者感情上出現困擾時，就要沉著應變，而不是推諉和指責。

每逢春節假期結束後，許多人都會告訴我，春節假期很累。他們說放假在家裡，有許多時間指責孩子，有空閒和家人鬧彆扭。原因在哪裡呢？沒有投入時間去規劃要做什麼，得不到欣賞和支持，不能善用閒聊及溝通，並經營家庭生活的精神寄託。

你怎麼過家庭生活，就怎麼教育你的孩子。在強固的家庭中成長的孩子，心智發展都會比較健康壯碩。

4 做稱職的父母

經常陪伴、妥善照顧並懂得喝采

一個人在童年以前的生活經驗，影響其情感、情緒和價值觀念最深。當你閉起眼睛回想自己的過去，會發現童年的景象，像一幅幅畫一樣浮現出來；年紀越長，童年的記憶和情緒，越容易縈繞腦際。

你在待人接物時，情緒和感受幾乎是童年經驗的投射。童年時代的自信和好奇，會在現在表現出來；過去的不安和退縮，現在也一樣。或許迫於社會現實，你學會參與，投入群眾，但心理背景仍有過去的退縮和不安，有時還會發展出焦慮和身心症，因為童年時期的不安並未消除淨化。

尤其是幼童時代，個人智力的發展狀況，關係著日後持續發展的品質和速度。研究發現，孩子四歲以前智力發展的比例，相當於四歲至十七歲所發展的智力。此外，多元智慧的開拓，明朗化經驗的開展，都在童年以前發生。

所以說稱職的父母，無異是孩子先天的幸福；個人的基本心智，受父母的影響殊大。經多年來的觀察，對孩子最大的傷害是疏忽、遺棄和虐待，最寶貴的是撫愛、喝采和分享經驗。一個孩子能當父母的跟屁蟲，有話可說，一起生活、工作和歡笑，真是幸運之至。

常在孩子的身邊，是稱職父母的首要條件。沒有父母陪伴的孩子，容易不安或發展成偏差行為。尤其是沒有父親陪伴的童年，往往學業成績落後、犯罪率高、不懂得應付侵犯或危機。而缺乏母親相伴的孩子，在語言發展和人際關係上也易滋困難，心理的不安全感亦高。

稱職父母的第二個條件是照顧，沒有照顧就等於沒有發揮親職。親子之間有照顧與依靠，才有愛的溫暖和成長的動力。美國曾做過調查，只有百分之三十的男性會照顧孩子，但女性則高達百分之七十四。從這些數字可以了解，仍有許多孩子沒有受到父母親的照顧。

照顧孩子能發展信任關係，建立安全感和生活教育的機會。父母在照顧孩子的過程中，也表現出自己生活的態度、情緒和待人處世之道。特別是透過照顧，發展出喝采和心理支持，能讓孩子積極主動、建立自尊和自信，這是孩子將來完成自我認同的主要條件。於是，稱職父母的第三要件是懂得為孩子喝采，給他鼓勵和欣賞的眼光。

父母親的照顧，建立在有能力的愛上。跟孩子一起生活、一起做家事和學習基本技能，從中分享樂趣和成就，孩子的心智便能得到啟發。曾經有一位母親詢問：「稱職父母需要什麼條件？」除了上述的原則之外，我又列出以下幾項：

1. 關心和了解孩子的問題，體諒其心情，並協助解決它。
2. 具有好的情緒習慣，有耐性，能化解衝突，創造祥和氣氛。
3. 安頓孩子的活動和就學，使生活作息正常。

4. 做孩子的後盾，給予他們嘗試和學習的機會。

5. 保持寬厚的心，不為孩子越俎代庖，不為孩子過度擔憂。

有許多父母雖然花費很多心血照顧孩子，卻把孩子照顧成脆弱和被動。稱職的父母在照顧和陪伴中，總是記得給孩子學習、嘗試和克服挫敗的機會，因為孩子是在自己的生活經驗中學習成長的。

5

父母的正確態度

管教有原則，過度犧牲不是美德

有一對夫妻，養育兩個子女，他們很愛子女，全心照顧、教導和陪伴他們，希望孩子長得好，將來有健全的心智和人生。但他們告訴我：

「扶養孩子，全心教導他們，卻把自己弄得精疲力竭！」

「教養子女雖然辛苦，但應該是快樂有趣才對！」我說。

「不，我很擔心沒有把孩子教好。為了孩子，我經常壓抑自己的情緒，因為我怕傷害到孩子；時時刻刻為孩子的需要著想，覺得壓力越來越大。我的生活都被孩子佔據，覺得好累，擔心也多。」

求好心切的父母，處處為孩子設想，精神壓力大；自己覺得疲累不堪，孩子也未必受益。我知道許多父母親為教育子女起煩惱，我建議他們釐清正確的態度。

首先，父母當然可以表達自己的感受和立場。例如孩子們把房間弄得很亂，父母應該把感受說出來：「你把玩具丟得亂七八糟，我受夠了！趕快把它收好！以後要記得收拾！」可以用嚴肅的口吻來表明你的立場，但不可批評和貶抑。如果你說：「你的房間像狗窩，像豬圈！」那就是貶抑。

其次，該你作主就該作主。大人該做的決定，去問孩子是錯誤，而不是啟發。你問孩子：「我們搬新家好不好？」這會讓孩子凌駕到你頭上，是錯誤，而不是民主。一位單親媽媽對孩子說：「媽媽想再結婚好不好？」那也是一種錯誤，因為你做了不能做決定的壞示範，也給孩子指使你的機會。

其三，管教孩子免不了犯錯。父母不是十全十美的人，免不了犯錯，錯了記得避免再犯就好，無須自責。自責會讓你不知所措，會壓抑你對待孩子的活潑態度。「我對孩子發脾氣，實在不應該，他會不會受到創傷？」如此擔心或自責，不但對孩子無益，也阻礙了你教育子女的肯定性。記得，只要不貶抑、不傷害孩子的自尊，偶爾發脾氣是無妨的。

其四，教育子女未必要犧牲自己的事業。只要你安排得宜，有時間相處，能照顧他們，你可以兩全其美。能兼顧子女和事業的人，也給孩子做了勤奮工作的身教和示範。問題是怎麼調適工作與生活，而不是犧牲事業。

最後，要注意保持良好的婚姻生活。父母不應該為孩子而犧牲婚姻。有人為了孩子的未來，讓太太帶著孩子到國外求學，自己在國內工作。我不認為這種犧牲婚姻和家庭的作法，對孩子有什麼好處。孩子所需要的不是只有學業成就，更需要正常的家庭生活，和正常人生的示範。

教育子女很重要，它需要愛和承擔；但不是把重心完全放在孩子身上，而是放在豐富的家庭生活才對。

6

親子溝通的訣竅

溝通的目的在聽懂彼此的話

朋友帶著兩個孩子來訪，我邀他們一起登山，一路閒聊，兩個就讀國小的小朋友帶來諸多笑聲和樂趣。他們撿拾落葉做花環，比賽看誰發現的小動物多，最後把拾得的樹葉歸類，把發現的小動物做一番記錄整理。孩子收穫很多，大人也從大自然萬象和孩子的敏銳觀察中，得到許多啟示。

這一對夫妻很好奇地問我：「孩子跟你在一起就顯得聽話，變得活潑，能思考、觀察和溝通。能否把要領告訴我們？」我簡要地告訴他們，重點就在溝通上。把握溝通要領就有互相啟發的對談，帶動生活的興趣與熱情，孕育孩子的自信和自尊。

孩子從父母那兒學來的是情意、責任和學習的態度；長大後從老師那兒學的，大部分是智能和知識。如果能在國小以前就培養他們好學，喜歡觀察、歸納和解決問題的能力，將來就是一位成功的學習者。父母在日常生活中，若能帶領孩子關心別人，負起責任，做個有興致的人，他的生活就不會寂寞，進而發展出好奇、同理心和創造力。但這一切都要從溝通做起。朋友問：

「怎麼溝通孩子才會聽話？」

「溝通的目的不是要孩子聽你的話，而是彼此聽懂對方的話，形成了解、啟發、互愛和良好的默契。」

「可是他們不聽話怎麼辦？」他又問。

「那表示互動和溝通的管道出了狀況。」

約莫一個小時，我們到了山崗上，兩個孩子的頸上各戴著以紅黃鮮艷樹葉串起的花環。他們正合作著把剛剛看過的小動物歸類，並且用彼此討論出來的規則整理，而不是照現有的學名做分類。他們正在創造思考，用他們的方法解決問題，而且沉醉在自己的思考和興趣之中，專注地商量溝通。我陪著這對年輕父母，仔細聆聽孩子的對話，觀察他們的表情，一起歸納出以下幾個溝通的原則：

1. 聽對方說話。聆聽才能了解對方，也表示尊重對方。
2. 等對方說完了，再說自己的意見，溝通就不會打結。
3. 避免訓斥對方，因為那無異會壓抑溝通的順利進行。
4. 不說氣話。意見不同時，要透過討論，尋找共同認可的答案。
5. 支持重視對方的自尊，溝通才會持續下去。
6. 把握時間。冗長的說話會使溝通變得困難。

這幾個原則，是和孩子們成功溝通的線索。做父母的必須面對真實，做觀察、思考和歸納，才能得到一些答案。不管答案如何，朝這方向努力的人至少學到了面對真實的態度和興趣，而這對年輕夫妻也學會了與子女溝通的技巧。

7

不為管教爭吵

教養理念事先討論並達成共識

父母親關愛小孩，由於意見不同，性子一急，就吵了起來。有時各執己見，孩子莫衷一是；有時一方應允認可的事，另一方卻強烈指責，予以否決。孩子就在父母的爭吵中，猶豫不決，造成心理不安和困擾。

一位母親答應孩子週末可以到同學家玩耍，孩子正要出門，父親怒斥道：「孩子就是被妳寵壞的！」他氣沖沖的說：「縱容孩子，像五腳狗一樣，經常到別人家串門子，簡直就是沒教養！」

孩子被父親的盛怒給嚇怔住了，不知道該怎麼辦。他又害怕，又擔心失約，最後只好躲在書房裡哭泣。

又有一個孩子，因為功課沒有按規定做好，被爸爸責備，母親反對父親的嚴厲：「你不要對孩子那麼兇嘛！有話好好說不行嗎？」母親七分袒護三分指責，惹得父親聲色俱厲呵責孩子：「我兇什麼，下一次再這樣，我揍你！」

孩子處於父親的威嚇和母親的維護之間，眼睛噙著淚水，心裡頭卻充斥著矛盾和困惑。

父母親管教子女難免會有意見相左的時候，然而只需稍稍克制，不要操之過急，就能避免不利孩子心智成長的困境。我的建議是：

1. 夫妻要有機會談談教養子女的觀念。最好是一起閱讀教養子女的書籍，經過討論，在實踐中學習、研究、協商，而形成共識。

2. 避免用成見教導孩子，更要防範把自己的憤怒和惡劣情緒發洩在孩子身上，形成不當的管教。而不當的管教又往往是引致父母衝突的重要原因。

3.絕對避免拿孩子當夫妻衝突的武器或手段。這將對孩子構成創傷，造成其非理性行為。

4.要預防孩子利用雙方意見不同這個漏洞，滿足他的需索，破壞生活紀律，造成偏差行為。

5.要儘量避免在孩子面前爭吵。

父母管教態度不同，經常起摩擦的家庭，不但孩子的生活紀律培養不起來，而且可能因心理創傷而影響其人格的正常發展。夾在父母衝突隙縫中的孩子，不但安全感差，人際關係亦有較多困難。

夫妻的感情和睦，管教孩子時意見容或有所不同，但衝突的機會會比較少。因此婚姻狀況好，是管教子女成功的要件。

父母管教孩子的態度要一致，使用的方法應顧及孩子心智成長的需要。用耐心去換取合理一致的管教，就能培養活潑、懂事、聰慧的孩子。

8 不被孩子激怒

陷入互相激怒的拉鋸戰無益管教

當心不要被你的孩子激怒！

你在被激怒的情況之下，會說出傷害孩子的話，甚至動手體罰他，這時對孩子所造成的創傷，可能久久都難以撫平。

一位年輕的媽媽，辛苦上班一整天，於交通擁擠的回家路上飽受煎熬。好不容易踏進家門，看到兩個讀國小的孩子把玩具散落一地，開著電視機看得目不轉睛。她一時按捺不住，提高嗓門憤怒地對孩子大吼大嚷：

「你們真該死！把家裡弄得像豬圈一樣！」她把玩具踢到一邊，衝過去把電視機猛力關掉！霎時三個人都血脈賁張，怒目對視。

「妳才該死！我恨妳，妳死掉好了！」孩子也怒喊著。

「你再說一次！」媽媽逼視著孩子。

「我恨妳！」

說時遲那時快，媽媽應聲賞給孩子兩記耳光！

這是陷入互相激怒的漩渦，而不是教育孩子！它破壞親子的關係，做了錯誤的示範，也導致孩子心理的創痛。從許多個案中，我發現這激怒的一幕，似乎常在許多家庭生活中一再上演。

很多偏差行為的青少年，都有這種經驗：父母非理性的示範，導致他們非理性的行為。

你要嚴防這種意外發生，它是一種災難，而不是生活的常軌。如果你曾有過這種失控行為，希望能亡羊補牢，避免再發生。父母難免會被孩子激怒，當怒氣初起時，你不要被它拖著走，要注意自我控制！

1. 停一停，走開一下，可以先去換個居家輕便服，洗把臉，再出來處理。

2. 不是批評和抨擊孩子，而是把事情說清楚。是說自己的感受，例如「這麼亂我很難過！」「沒有做功課令我擔憂！」等，而不是貶抑孩子「你該死！」或「你這窩囊廢！」

3. 說話要簡短而清楚，不囉嗦。

4. 針對目前單一的事件說話，而不是擴大推論。例如「你總是不聽話！」「我早知道你這沒出息的東西！」

5. 坐下來，把要告訴孩子的事先整理一下，寫出來。讓你的大腦發揮影響力，等寫下要說的事情後，怒氣已消除大半。

6. 當你無可避免要對孩子發脾氣時，切忌傷害孩子的自尊。在發完脾氣之後，要冷靜下來，儘快恢復相親相愛。

當你被孩子激怒時，以上的妙計可供你度過危機。

不過，風暴過後你還要想想，激怒你的這件事到底有多重要？它是偶然發生？或者經常發生？如果是重要的，你就得冷靜下來教孩子；如果並不重要，那值得你大發雷霆，造成彼此的困擾嗎？

9 提防錯待孩子

錯誤的對待會使孩子茫然無所適從

大人對待孩子，若抱著隨興或任性的態度，往往會造成不當對待孩子，種下以後許多教養上的困難；嚴重的話，還會造成偏差行為，惹來許多麻煩。

依我的觀察，錯誤的對待極為普遍，舉些例子給大家作為警惕。

一位母親對女兒說：「春節期間，家裡準備有很多食物，為了節制嘴饞，我們把零食收好，不放在隨手拿得到的地方，這有助於自制，減輕體重。」在一旁的父親卻說：「過年就是要吃東西，吃點應景的食品，有啥關係，別聽你老媽的，吃吧！」這給一個國小的孩子造成困惑，甚至在想法上衝突當機！

一時的隨興和任性，孩子可能因父母的意見不同而不安，或者就因此而在節食計畫上前功盡棄，更嚴重的是莫衷一是的茫然和無奈。

一位父親帶著兩個孩子，在過年期間燃放沖天炮，他們在市郊的樹林子裡興高采烈地玩著。我登山路過，好意對這位父親解釋：「放沖天炮容易引起森林火災！」沒想到這位爸爸卻護短說：「不會啦！怎麼會燒起來呢!?」他自己又點了幾支。我看著他的孩子一臉茫然，陷入正確與執拗的交戰。

大人免不了會品評孩子的作品，對於他的圖畫、美勞作品、彈琴、寫作、演講等表現，要注意的是他做了什麼，而不是他做得有多好。前者引導你對他的工作產生鑑賞，後者牽引你對其表現批評。

一位母親非常重視女兒的教育，要求孩子學習許多才藝，重視其表現和作品。只要孩子做得好，表現傑出，考了高分，她就喜形於色，讚美孩子；但當孩子表現不如理想時，就沒什麼值得她稱讚了。這孩子在國小六年級時開始厭學，對於原先有興趣的事物，也變得索然無味。

大部分家長對孩子的態度和心情，是隨著學校成績而起伏的，因為他們只求好，只看成績，而不看孩子所做的成品和努力過程，以致疏忽孩子傑出或特別的表現。

成績只是一個總品評，而仔細去看孩子的表現，卻能鑑賞出他的努力、特色和值得珍惜的創意。找出孩子的優點，欣賞他，鼓勵他克服困難，才是正確的教育之道。

孩子生病或在運動場上受了傷，往往令父母焦灼不安，於是便同情他，給他許多額外的方便。在孩子面前對事實做過度的渲染，孩子反而會變得軟弱不振。孩子是看大人的反應來估計自己受傷的程度，當孩子受傷時，如果大人表現出「這是無可彌補的傷痛！」的表情，孩子的心理重創會更加深。

對待孩子要從孩子的角度去看，要實事求是。我們既須在日常生活中訓練他生活規範，也要培養孩子的自信和自尊；既須注意他的成績，更要欣賞他的努力和優點。當然，孩子難免會有病痛和挫敗，你該關心他，而不是一味的同情，否則會使孩子變成一蹶不振的軟腳蝦。

10

避免無意的傷害

不當的教養行為可能戕害終生

父母親都愛護子女，不過卻常會有不經意、不自知的傷害行為。有些人以為教育子女就是管理、支配和批評；孩子跟他一起生活，自尊經常受到踐踏和傷害，久而久之，孩子心智發展便出現問題。

兒童是很脆弱的，父母教導的方法過於專制、粗暴，動不動就加以體罰和喝斥，會對孩子造成嚴重的心理創傷。你不妨自問，管教孩子是否有以下情形：

1. 經常對孩子動怒、喝斥、發脾氣或以粗暴的態度相向。

2. 討厭孩子身上某些令你不愉快的特質，重複批評或凌辱。
3. 從不稱讚孩子，當別人稱讚他時，卻說「哪有這回事！」
4. 當著眾人面給孩子難堪，數落他的不是，而不是等回家再糾正告誡他。
5. 以體罰做為教育孩子的方法。
6. 對孩子冷漠或疏遠。

以上行為或教養子女的方法，都會對孩子造成傷害，副作用之大，甚至影響其人格的健全發展。

一位兒時受到父親嚴厲批評和貶抑的人，在工作崗位上一直與主管對立，把他的負面情緒和敵意轉移到男性主管身上，跟他簡直水火不容，與同事也相處得不好，幾乎要被開革。

在諮商過程中，他回憶兒時的際遇，談到父親的嚴厲批評和貶低。他說：「父親什麼都挑剔，經常罵我『笨得像豬！』我既憤怒，又覺得自己笨。」他那顫抖和憤怒的表情，讓我看出他的移情現象。於是我問：

「你是不是把你的主管看成了『父親』？」

「怎麼會？」我接著解釋說：

「你的主管在指導你該怎麼做時，你有一種被貶抑或凌辱的憤怒。」他沉默了良久說：「嗯！嗯！是這樣嗎？好像是。」

「你把對父親的憤怒轉移到他身上了。」我說。

「啊！好像是。無論他說什麼，我都會反駁他，甚至抗議，所以我跟主管相處不好，幾乎為此而丟了工作。」

這時，他彷如大夢初醒，開始用自己的理智去看清生活現實，才從許多抱怨和反抗中醒覺過來。

有許多人一輩子都在不適應的狀況下生活和工作，他們憤怒、沮喪和情緒化，這實際上是創傷在作怪，而不是別人在找他麻煩。

父母親要注意防範這類不經意的童年創傷戕害孩子一生。

11

善待別人的孩子

成人任性的作為會為教養帶來反效果

一般而言，我們對別人的孩子都會表示友善；跟他說話，逗他玩，讚美他，給他獎賞等等。不過，我們很少留意自己的作為是否得當。我常在許多場合觀察到大人對別人的孩子，做出錯誤的回應，而影響其成長。

有一次我在台北松山機場候機，因為距離飛機起飛還有一些時間，所以旅客們便排排坐著。幾位看來是親友關係的成年男女，帶著孩子也在候機，他們興奮地喧騰著說些什麼，當時我被一段對話怔住了：

「孩子！沒關係，吃吧，你媽媽不會生氣的！」一個成人說。

「媽媽說我不能吃太多糖！」孩子遲疑地堅持。

「沒關係，媽媽如果罵，告訴她是我給你的。」然後把一大把巧克力糖塞在孩子胸前的口袋裡。孩子的媽媽在一旁不知道該說些什麼才好。

別以為給孩子糖吃就是表現你的善意，其實，你可能已經破壞他的生活規矩。我曾經聽過更誇張的對話，竟然有人對朋友的孩子說：「現在在我家，你想怎麼樣就怎麼樣，不必聽媽媽的！」這話乍聽好像是在疼愛孩子，實際上對孩子守規矩的習慣，造成的破壞殊大。

我們雖然疼愛別人的孩子，但更要尊重孩子及其教養的需要。即使孩子向你要什麼，也要保持分寸，不妨對他說：「你要先問問媽媽或爸爸。」慷慨大方有時會讓孩子養成陋習，造成背地裡不守規矩的現象。

看到別人家孩子說話偶爾帶點乳味腔，你學他的話跟他逗趣，或者拉拉孩子的耳朵，捏捏他那可愛的兩頰……這些舉動看來饒富人情味，實際上孩子會覺得是侮辱。

有時你對朋友的孩子騷癢，用手指逗他的脖子或腋下，讓他咯咯笑，以為那是親密、好玩，然而仔細觀察，這些受騷擾的孩子容易因此而浮躁不安，表現出調皮鬼的模樣。他們到學校去，也會摹仿這些動作來騷擾別的同學。

跟別人家孩子說話，要用他聽得懂的成人語言，因為孩子必須從成人那兒學到正確的表達能力。當孩子拿他所做的美勞或其他作業給你看時，要認真的欣賞；無論它的水準如何，要表示你對作品的領略和肯定，例如：「嗯！手工真細。」「顏色搭配得很好。」「線條很柔和。」切忌漫無邊際的誇獎，例如：「你是藝術家。」「你是科學家。」這會造成孩子的不安，或者給孩子帶來過高的抱負水準，而失去努力嘗試的勇氣。

最後，我要提醒所有的成人，面對別人家的孩子，要像對待自己的孩子一樣，保持持平的態度。尤其是孩子受到傷害或生病時，你不能用可憐的態度對他說話，這會使他變得脆弱。你應該欣賞他的勇氣和堅毅，並表示對他的信任。欣賞別人家孩子做得對的事，能給他帶來莫大的鼓勵。

12

作假日安排

有計畫的假日活動給家庭帶來幸福感

對兒童而言，假日不是休息用，而是要積極地運用它。因此，為孩子安排娛樂、學習和增加新鮮的生活體驗，是相當重要的事。

在兒童的心靈裡，假日可不是什麼放鬆心情、消除疲勞的日子，而是有興致地活動、試探、觀察和領受大自然的新奇。孩子們在假日所學得的東西，往往要比教室裡更多。從假日活動中，孩子學會更多待人接物的態度和處事的技巧，發展其思考和情緒控制的能力，並奠定學習多方面能力的基礎和興趣。

所以，父母要善用假日，幫助孩子安排活動；要陪伴他們，指導他們，並試著給他們主動嘗試的機會。既可以安排戶外活動，如登山、郊遊和田徑活動等，也可以安排參觀訪問，如參觀博物館、科學館、美術館，探訪親友或想拜訪的人物。有時，參加社區活動，帶著孩子參與公益事務等等，都是很好的選擇。

安排孩子的活動，得預先做好準備。從引發孩子興趣、蒐集資料、討論和決定，進而考慮邀請哪些人同行，而後進入活動準備。孩子在準備和期待中，可以學到很多做人做事的道理，養成自動自發的習慣。

參與準備的孩子，心情好、興致高，在活動時較能遵守規範，亦能發展挫折容忍力，把事情做好。

父母親有計畫地安排孩子的假日活動，能為家庭帶來更多幸福感，對孩子心智發展有益，對父母亦有良好的休閒和娛樂價值，真是一舉兩得。

回想我自己的孩子還小的時候，秀真和我都要上班，工作吃重，但我們堅守珍惜假日的原則。我們帶著孩子登山，在郊外的森林裡欣賞昆蟲、觀察鳥類、攀爬陡峭的岩壁；我們攜著油爐煮熱食，每到中午就找個地方野餐，一起喝茶聊天。老祖母也跟著孩子，在樹底下乘著涼風，說起她的故事和回憶。結果孩子們歡笑多，聽聞也多。我們上山下海，留下許多回憶，這些回憶都化成現在孩子樂觀堅毅的性格。

星期假日我常有演講，地點總是選在風光明媚的海邊，或者幽靜的鄉下。我們租一輛車，一路玩過去。到了目的地，我上台演講，孩子們就在附近遊玩，在小溪裡兜弄魚蝦，往森林小徑踏青。他們沐浴戲水，迎風逗趣，秀真總是陪著家人，帶領孩子玩得盡興。等我演講完畢，一家人又高高興興地一路玩回家。

孩子很快就會長大，只有在童年才願意跟著大人，一起實現許多假日計畫，這段黃金時光一旦錯過，就再也帶不動了。不過，這段時間的付出，一定值回票價，孩子們不但學會生活之道，知道怎麼計畫假期，更重要的是留下許多甜蜜的回憶，這就是一生的財富。

第二篇 創意的管教要領

孩子們生活在這自由開放的社會，有諸多誘惑，有種種衝突，更要面對許多疑惑和挑戰。他們要努力讀書，勤奮協助做家事，也學習娛樂、休閒和興趣的培養。他們有諸多好奇和嘗試的衝動，也有其能力的極限，因此免不了會犯錯，會養成偏差的習慣；相對地，有許多正確的行為、規範和學習態度有待建立。

父母親給孩子一些約束，避免養成偏差行為；制定一些生活規範，幫助他們學習做正當的人；或者禁止再犯同樣的錯，幫助他改過遷善，這些都屬於「管」的部分。至於「教」則是一種啓發，幫助孩子思考和解決問題，從經驗的累積和情緒的陶冶中，發展他們的創意。

所以，父母不能規避管教孩子，而是要用創意來規範和啓發他們。時下有許多人，一談到管教，就以為這是落伍的觀念，而一味執著於啓發。事實上，缺乏一定程度的管理，就難以產生啓發的效果。現在我們看到青少年偏差行為逐年增加，飆車、偷竊和暴行屢見不鮮，他們顯然在童年時代缺乏創意的管教。

創意的管教不是高壓的管理或威權的控制，而是透過同理心有效地教導孩子，並達到矯正偏差行為、培養正確習慣、啓發心智成長的目的。有創意的管教孩子，可以避免親子衝突，不致增強叛逆的行為，亦能避免被動、缺乏抗壓性和退縮的副作用。它的目的在於教導孩子心智成長，發展品行和開展精神生活。

孩子不聽話而採取敵意和拒絕的態度，為人父母或師長者，都會為之頭疼。管不來，教不動，常常使父母親憂心如焚。多年來的諮商經驗，使我發現親子或師生之間會弄到這種僵局，常是累積許多不當管教所造成的。

過去我們一直認為，破碎家庭和單親家庭會導致孩子諸多偏差行為；但現在我們卻也發現，許多雙親俱在，甚至夫妻相處和睦的小康家庭，一樣會教出偏差行為的孩子。於是，許多研究又證實，父母的管教方法和態度，才是影響孩子最大的因素。

創意的管教是一種經過思考，以心理學為工具，為孩子的學習與成長做有效的回應。管教不是一成不變的，它需要你的創意。本篇提出幾個主題，以實例說明怎麼發揮創意，來解決管教孩子的問題：

1. 對於不聽話、無理取鬧的孩子，你要認清他違逆的根本原因在哪裡，然後設法對症下藥。
2. 孩子慢吞吞，每天上學遲到都令你氣急敗壞，結果引發更多難題。那麼你要弄清楚狀況，針對需要協助他。

3. 疏忽孩子是忙碌現代父母的共同現象，許多情緒困擾和偏差行為，都是從這裡滋生出來的。

4. 父母性子急，對孩子的管教往往過或不及，如何拿捏得宜，要有清楚的認識。

5. 孩子上網、看電視，必須要有適當的指導；上網聊天和看電視過多、過久，會造成心智成長上的障礙。

6. 不打罵是創意管教的基本要求，但怎麼要求改正錯誤，怎麼獎勵改過遷善，必須要有好點子。

創意的管教不是僵化刻板的訓誡，不是批評打罵的嚇阻行動，更不是對孩子不滿時的情緒發洩。創意的管教是一直保持平靜的心，觀察和思考如何達到教孩子成長的目的。

1 孩子不聽話的對策

身教重於庭訓，示範代替責備

孩子不聽話，經常搗亂，不守規矩，父母往往被惹得動起肝火，把孩子訓斥一頓之後，才告平息。不過，一波才平，一波又起，不禁暴怒：「你快把我惹瘋了！」教訓、打罵和指責，不但沒有讓孩子學乖，反而讓他們更情緒化。不安分守規矩的行為似乎越來越多，親子之間的關係也越來越緊張。

管教不聽話的孩子時，父母很容易犯的錯有二：其一是斥責太多，造成親子關係的僵化；其二是大人所做的，正是教訓孩子不該做的行為，造成錯誤的示範。

孩子不聽話，犯錯連連，你會心煩氣躁，以為事態嚴重，其實大部分不過是生活中的瑣事。如果你稍加留意，會發現孩子所犯的過幾乎一再重演，如果你能善加預防或處理，不聽話或犯過的情形就會減少。

父母可能一再怒斥孩子關門的噪音，其實只要加個軟墊做緩衝，讓音量減小，指責他的次數也就相對減少。若孩子一再把鑰匙弄丟，你可能會光火地罵他「粗心！」其實該做的是用一條夠長的細繩，把鑰匙栓在書包裡。兄弟姊妹經常吵架告狀，該檢討的是父母的態度，有沒有引致孩子們爭寵的人際失衡。

父母要極力避免的事情是：拿孩子的好成績或好行為，批評另一個孩子的缺點；對老大親熱談話時，卻疏忽了一旁的老二；孩子們起爭執時，你忘了指導如何處理衝突，讓雙方從溝通中學會處理糾紛的方式。

父母該教導孩子怎麼處理糾紛呢？最好是模擬解決問題的情境。重新演習在學校裡與人爭吵的情境，教會他處事的正確態度，而不是一味地責備他。

把握以上的原則，就會減少孩子犯錯，親子間因為教訓、斥責和打罵所造成的緊張氣氛也會降低；孩子得到鼓勵的機會便相對增加，其自動自發的態度，也就能自然的培養起來。

另一方面，當孩子犯錯或有不當行為舉止時，父母要避免憤怒、講情緒化的話，或者在盛怒時體罰孩子。父母的激怒，令孩子驚嚇；惡言惡語，令孩子自尊受損；失態的言行，等於做了錯誤的示範。

孩子從父母那兒所受的創傷，或學到的錯誤行為，往往深入其心，牢固而不易改正。時日既久，親子雙方都以情緒化的態度相互對抗，家庭開始解構，於是陷入更嚴峻的困境。

教孩子的時候要心平氣和，彼此要講理，才能思考、解決問題。所以要跟孩子一起學習平心靜氣之道，要彼此鼓勵。「孩子！讓我們一起靜下來，深吸一口氣！然後慢慢吐氣，這能讓自己鎮定。」研究指出，以小腹深呼吸，能令人鎮定，從而做清醒的思考和反應。

對付不聽話的孩子，不宜採取高壓、動肝火加以痛斥或打罵，要平心靜氣，檢討原因；要避免錯誤，勇於改正教導的缺失，這樣才會奏效。

2 面對無理取鬧

不受孩子要脅也不當眾責罰

就兒童的發展而言，在六歲以前就開始學習講理。基本的自律是從訓練大小便開始，到逐漸學習如何適當表達負面的情緒，如憤怒、攻擊、破壞等等。學齡兒童已經學會相當程度的自我控制和主動進取的能力。

不過，許多孩子因為被保護過度，父母親替孩子做得太多，或者縱容不管、缺乏學習的機會，抑制了自律習慣的養成。於是到學齡階段，仍常出現無理取鬧的行為。

學齡前的孩子與同伴或兄弟姊妹玩耍時，如有侵犯別人、攻擊、粗暴、不守遊戲規範、霸佔玩具等行為，父母應該及時叫停。如果有糾紛，應該解決紛爭，指導他們如何解決問題，例如怎麼輪流玩，怎麼約定遊戲規則。提示他們「要講理！」「一起想辦法解決！」「協調能讓大家玩得更高興！」然後，幫助他們釐清問題，處理爭議點，讓他們能繼續玩下去。

一味責備和體罰，忽略怎麼協調和解決問題，孩子無法學會自律和講理，父母卻做了無理取鬧的示範。

父母平常生活講理，懂得協調和自律，孩子自然比較不會無理取鬧。不過，「亡羊補牢，猶未遲也！」如果發現孩子就學時仍有無理取鬧的現象，建議你採取以下策略，進行教導與矯正：

1. 凡事先講明白，防範無理取鬧在先。
2. 耍賴時，不能讓他得逞。
3. 管教時其他家人不得介入阻攔。
4. 要告訴他錯在哪裡，正確的作法是什麼。

你帶孩子上百貨公司購物，要先講明白：「爸爸媽媽帶的錢有限，先買吃的、用的、穿的和其他必要的東西，然後才可以買玩具。我們可以預留一些錢買玩具，但要買我們買得起的。如果價錢太高，可以用儲蓄的方式，來買心愛的玩具！要講理，要知道想辦法，而不是胡鬧。你們做得到，就一起去購物，如果做不到，那就在家裡陪阿嬤。」事先講好，孩子有所遵守，就不會胡鬧。

帶孩子出去旅遊、到朋友家做客，乃至在家裡舉辦招待親友的活動，都要事先講明白，以防範無理取鬧。如果表現良好，事後應予獎勵或表示讚美。

如果孩子耍賴，無理取鬧，要告訴他：「這不講理，我不能接受。」如果孩子鬧情緒，你可以把他帶到一邊，告訴他：「你可以在這裡安靜一下！如果想通了，就告訴我！」要避免當眾責罵或體罰，這對孩子的自尊傷害強烈。

讓孩子知道什麼是對，什麼是錯；堅持對的，改正錯的；獎賞正確的，提示改正錯誤的，孩子自然不會無理取鬧。

3 慢吞吞怎麼辦？

找出動作慢的原委，設法矯正

孩子吃飯做事慢吞吞的，最容易令父母心急。早晨時間有限，看著孩子從起床、吃飯到準備上學，樣樣拖拖拉拉，三催四請還是慢吞吞的，讓你忍不住拉開嗓門責備他。結果大人光火了，孩子卻淚眼汪汪地站在那兒發愣，坐在那兒發呆。這樣會比較快嗎？

父母親高分貝催促，孩子仍然慢吞吞。當心！你的氣急敗壞造成錯誤的身教，孩子長大後會變得跟你一樣脾氣不好。另一方面，孩子的挫折感和當時的驚嚇，也會帶來更多的抑鬱和適應上的困難。

脾氣壞的孩子容易與人衝突，將來親子衝突也不可免。抑鬱的孩子容易變得低聲飲泣，抬不起頭來，碰到難題時會退卻和沮喪。

慢吞吞已經夠你心煩，若再加上教導不當，衍生其他衝突或心智成長上的問題，那就更令人困擾了。我從諮商個案中觀察，發現許多孩子的問題是像滾雪球一樣，越滾越大，隨著年齡增加，而有更多的困擾。

其實孩子慢吞吞一定有原因，只要找出原委，就能對症下藥，矯正其行為。一位媽媽問我：「孩子吃飯慢吞吞怎麼辦？」我告訴她先去請醫生檢查是否吞嚥有問題。其實你自己也可以觀察，如果吃糖果、餅乾和冰淇淋都很快，那就不是吞嚥有問題，而是食慾不好。這時，改正吃飯慢吞吞的行為，不是催促或責罵就能奏效，而應請教醫生如何提高食慾，或改善孩子食物的口味，或者不要給孩子吃太多零食。

孩子早上起不了床，最有可能的現象是體溫還沒有回復到正常的溫度。這時，只要逗著他動一動，教他翻身，伸個懶腰，很快就可以清醒過來。我主張給孩子「三分鐘賴床」時間，但必須翻過身，弓起身子跪伏在床上，「屁股蹺個半天高」，享受賴床的樂趣。但是三分鐘一到就得起床，這時體溫已恢復正常，就容易起床。記得！一日之計在於晨，孩子被罵起床，跟被逗笑起床，影響一整天的學習心情。如果能逗弄孩子笑著起床，對親子關係和學習效果都有幫助。

做功課拖拖拉拉怎麼辦？許多孩子只要你坐在他身邊，當他的顧問，就能把功課做得又快又好。不過，你只能當顧問，不能越俎代庖替他做。可是有些孩子即使你坐在身邊，還是慢吞吞的，這時，就要把功課分成幾個步驟，化整為零，一步一步帶著他做。然後，留下一些由他自己照著做，鼓勵孩子：「看看你能不能在規定的時間內做完！」能做得完，有進步，就應給予鼓勵或表示欣賞。

孩子慢吞吞的行為，不是用責備、懲罰和威脅恫嚇能夠改正得了的，而是要找出原因，設法矯正，才會見效。

4

上班族的禁忌

工作與生活的調整不當會影響孩子

最近，跟上班族的朋友一起討論子女教育問題。他們都很關心自己工作太忙，沒有時間陪孩子：「會不會因此而影響孩子心智成長？」我很誠摯地告訴他們：「一定有影響！」依我從事諮商的觀察，在教育子女上，上班族最容易犯的錯誤是：

1. 沒有時間跟孩子交談，聽他們說話。
2. 工作過度，老是外出，與孩子疏離。
3. 帶著怒氣回家，破壞家庭生活的氣氛。

4. 一味要求好成績，呵責孩子的表現。

5. 為了急於上班，早晨總是厲聲催促孩子起床和上學。

許多兒童反映：「我爸爸很少跟我說話，我不知道他的工作是什麼。」有些孩子則說：「我爸爸回家就看電視，很少聽我們說話，或者邊看報紙邊回答我們的問題，只有幾句話就完了。」不過，當我問父母：「什麼原因令你很少跟孩子說話？」時，大部分的人則說：「我實在不知道要跟孩子說什麼。」

這樣的家庭氣氛，親子之間會變得冷漠，而且孩子的語言表達、思考和人際互動能力，都會因為交談少而受到影響。我建議多聽孩子說話，坐在他身邊，關心他的生活，面向他專心聆聽，表示同情、體諒和了解，就可以跟他繼續談下去。要注意多聽而不多講的原則。

父母親工作太忙或太累，會沒有耐性跟孩子說話。許多父親早出晚歸，平日連一起吃飯的機會都沒有，至於一起旅行、郊遊、逛街和購物，一起歌唱、說故事、做家事，就更難做到了。這些孩子分享不到父母的生活能力和風趣，也感受不到一起逗笑的快樂。他們腦袋瓜裡裝的是卡通人物，綜藝節目中的裝瘋賣傻，和電影情節中的暴力。設想，青少年叛逆期一到，他們會是什麼個模樣呢？肯定是冷漠、充滿敵意和缺乏責任感。

請不要把職場上的怒氣帶回家。調查研究指出，有百分之三十七的兒童，說父母親回家以後脾氣很壞，容易拿孩子出氣。大人有情緒問題，孩子也一樣，都需要安慰和關心。如果大人經常帶著怒氣，孩子的情緒生活當然也就不健康。

別一味要求孩子好；不先教會他，卻要他有好的表現，無異是苛求。上班族很容易犯這個毛病，以為孩子像職場上的員工，都應該做好本分的事。請記得！孩子要先教才會做。一味責備，只會傷害孩子的自信和自尊。

最後提醒上班族，你每天早晨為了趕上班，是否氣急敗壞地怒斥孩子起床太晚、吃飯慢吞吞或者行動遲緩呢？要記得「一日之計在於晨」，你的作為會影響一整天的學習、生活和心情。寧可提早一點時間做準備，也不要到時急如星火罵孩子！

5 戒掉壞習慣

破除惡習的要領是重新建立新的好習慣

孩子成長過程中，不免染上壞習慣，例如嘴饞、咬指甲、說髒話等等。最令父母擔憂的是東西亂丟，沉迷於電玩和網路世界，或者遇事推拖延宕。這些壞習慣是父母的眼中釘，你恨不得一次把它連根拔除。

不過，要戒掉壞習慣並非容易的事。你責備、打罵、連哄帶騙；動之以情，誘之以利，結果無效。你氣急敗壞，採取高壓的方式，脅迫孩子，終結其惡習，最後弄得失望和疲憊，甚至親子間的關係充滿緊張和敵意。

孩子是否能順利成長，這是一個關鍵性的十字路口，父母親必須謹慎思考，理性地處理，否則就會每下愈況，陷入更大的困難。因為孩子很快就會進入叛逆的階段，屆時問題只會越來越難處理，青少年可不會越來越聽話。

在矯正孩子的壞習慣時，最普遍的錯誤是：只責備他的錯，而忽略告訴他錯在哪裡及怎麼改過來。其次是認定孩子錯了就是全部錯，沒有把錯誤和正確的行為加以區隔。比如孩子愛打人，我們必須區隔：孩子維護自己的權益是對的，但是打人的暴力行為是錯的，要改的是打人的行為。我們肯定他維護權益和表示意見的態度，但要把「打人」改為「講理」或請大人當裁判。

要協助孩子戒掉壞習慣，一定得認清：破除惡習的要領就是重新建立一個新的好習慣；一味消極性的警告、處罰和責罵，是沒多大用處的。養成新習慣需要三週到一個月，建議你這些要領：

1. 具體掌握要戒除的壞習慣。

2. 找出產生壞習慣的原因，設法消除它。

3. 建立新的習慣代替舊的習慣，擬訂計畫去執行。

4. 鼓勵與讚美，切勿因為失誤而氣餒。

有些孩子有咬指甲的習慣，父母必須了解和觀察，這個習慣在什麼時候最容易發作。假如他在遊戲時不咬指甲，而是在獨處、被責備和寫作業時才咬指甲，這時你該知道他或許有什麼不安，可能來自家庭、人際或功課，當他感到不安時就會咬指甲，最後形成習慣。因此，你得先消除這個背後的原因，要戒除它才會成功。而嘴饞、多話、不能控制時間等等，也都有其原因。

其次是擬訂培養新習慣的計畫：在手指上帶一個戒子，或繫一條紅絲線，提醒孩子想咬指甲時，改成哼一首歌，並用手指打拍子，這就能破除舊習。成功了就在紀錄卡上畫一個圈圈，如果不小心又咬了，就記一個叉。每天晚上陪孩子一起檢討，鼓勵他，並增強其信心。持續三週以上，舊的行為就會消失。

孩子們不會無緣無故養成壞習慣，壞習慣的形成一定有其原因，但大部分都與不安有關。如果你能多給孩子成功的機會，欣賞他的優點，創造家庭的歡喜和笑聲，常帶領孩子運動和遊戲，注意家人營養的均衡，孩子就不容易染患壞習慣；即使要戒除壞習慣，也容易得多。

6

避免性急的喝斥

別讓惱怒壞了情緒、苦了孩子

急躁的人很容易對子女大聲喝斥，遇到孩子犯錯，或者表現不如己意時，就會惱怒地指責，表情難堪地嘆氣。急躁型的父母，看不見自己的臉色有多嚇人，而孩子幾乎要天天面對這種壓力。

這對孩子而言，很無奈，他們只得忍氣吞聲。一直到有一天，伴隨著青春期的叛逆，他們也跟父母一樣的易怒和急躁，彼此的衝突不斷，最後索性抵制大人；不是沉默不語地和父母冷戰，就是鬧意氣，逃學逃家。

我很真誠地告誡過許多父母，不要那麼急躁，並想出幾個緩和性急的點子，預防性急經常發作。這些教導守則孩子和父母都受用，對心智成長和健康都有益處。這些點子是：

1. 凡事預留寬裕的時間。
2. 心煩氣躁要怒斥孩子時，給自己三十秒思考：「動怒對教導孩子有用嗎？該怎麼回應才對？」
3. 先教會孩子正確的作法，而不是做錯了再來責備他。
4. 學習幽默。想想怎麼把惹毛你的事轉化作幽默以對，事後再告訴孩子該怎麼做才正確。
5. 留給孩子自主的空間，不要凡事都由父母操心，這既能使孩子學習主動，也能讓自己保有悠閒。

比如在週末假期帶孩子出遊時，出發與回程都要預留時間，避免交通阻塞，一時性急惱怒，將惡劣的情緒發洩在孩子身上。你要知道孩子總是鬧哄哄的，甚至有許多突發狀況。尤其是早晨起床，如果父母親不能預留一點時間，孩子們從起床、梳洗、用餐到準備出發，總會被訓斥。這樣的生活品質低落，孩子和大人的情緒都會受到影響。

其次是在惱怒發作前提醒自己，憤怒不能解決問題；但可以告訴孩子，是什麼原因使自己心急。注意要說的是自己的感受，而不是惱怒地批評孩子。此外，如果你能想想：「最壞的後果是什麼？有什麼補救的方法？」就不會覺得事態嚴重，而惹你心煩氣躁了。

其三是先教會孩子怎麼做，而不是老於事後責備孩子。要拜訪一位長輩，就先教孩子怎麼稱呼、問候和規矩；要有好成績，就得陪他先作預習和複習；要帶孩子上百貨公司買玩具，就得先約法三章：在什麼額度範圍內購買玩具。預作準備，能預防一時尷尬或令你情急的不當反應。

其四是學習幽默。發生在孩子身上的事，多半不是什麼大事，你無須太在意。大部分的事，只要傾聽和表示關心就可以，無須小題大作。有時，你不妨幽默點，把自己當一個旁觀者來看親子間發生的事，你會莞爾一笑的。

越是操心孩子的父母，越容易給自己和孩子壓力，日積月累，原本就性急的人會變本加厲，喝斥、惱怒和憂心越多，親子互動的難題和窘境就會出現。

7 陪孩子上網看電視

資訊世界中成長的下一代須及早監督與指導

電視和網路是孩子的最愛，也是他們生活的方式與工具。他們在網路上探險，沉迷於電視節目和卡通影集；從電視和網路之中，孩子固然學到不少，但它也像是一片充滿陷阱的森林，或是浩瀚不可測的大洋，孩子在這個資訊世界裡，如果看得太多，又得不到指導，在心智成長上會有下列危機：

1. 網路和電視提供五花八門的節目和內容，從科學新知到暴力犯罪，從玩樂到色情；孩子摹倣力強，資訊如果沒有經過選擇，會傷害孩子，誤導孩子。

2. 網路和電視上秀出來的東西，孩子只能被動的看和接收，這樣會影響孩子思考、主動探索和創意的發展。如果縱容孩子沉溺下去，甚至連語言表達、人際溝通都會出現困難。

3. 影像聲光很吸引孩子，佔據孩子做功課的時間，影響課業的學習；佔據運動和遊戲的時間，導致身心發展的失衡。

4. 看太多電視和上太久的網路，則習慣於劇情的認知。一個英雄人物的生平，一小時就演完了，但在現實生活裡，每項工作都必須堅持百忍才能做得好，所以電視看太多的孩子容易缺乏耐性。

因此，父母要及早監督孩子看電視和上網路的行為。美國曾經做過大規模的調查研究，發現學業成績優異的青少年，每星期平均看十個小時的電視，看電視多或少於十個小時的孩子，學業成績都比較差。

父母親要指導孩子選擇有益的節目，避免孩子打開電視無所不看。有些節目專門報導社會事件，容易給孩子帶來懼怕、價值混淆或心理上的衝突，必須與孩子一起討論，讓他們有所了解。

孩子看電視和上網路，都應列入家規，大人亦應避免整晚甚或終日開著電視機。該訂定的規範包括：一週以十小時為度（練習操作軟體、處理資料和完成作業等不在此限）；約定選擇節目的要點，哪些該看，哪些不該看，並在家庭布告欄上公布。此外，父母最好能抽空陪孩子一起看電視，或者多聽聽孩子轉述所看的節目內容。

最近我跟一位朋友一起登山，身邊帶著一個剛上小學的孩童。一路上孩子的話題離不開好人與壞人，警察與強盜，相當情緒化的不安與躁動。我知道這孩子看了太多打打殺殺的節目，思考陷於刻板，情緒受到傷害。詢問家裡的生活狀況，果然沒錯；不適合孩子看的節目正在孩子的情緒和態度上發酵。

注意孩子看電視和上網的習慣，及早監督和指導，發現異樣就該檢討和改進。請留意！電視和網路不能取代現實生活的適應和學習，要多提供豐富的生活經驗和能力，而不是以虛擬的知識、畫餅充飢的空洞想法，替代生活現實所需具備的能力。

8

不打罵的教導

別貪眼前暫時的效果而讓副作用貽害一生

教育子女不能依賴打罵。打罵即使能一時見效，孩子只不過是被動地懼於權威，而不能養成主動的意願和明白事理。打罵的教育有許多缺點，一般父母親很不容易覺察，等到副作用累積到一定程度，發作出來時，後悔就太慢了。

從各方面觀察打罵的教學方法所引發的副作用，無論在學習態度、生活適應和情緒發展上，都會造成缺陷。採用打罵教育教出來的孩子，被動性太高，缺乏主動探索的動機和終身學習的態度，離開學校後即失去學習和成長的動力。他們在這變遷快速的時代裡，顯得故步自封，容易挫敗和被淘汰，甚至失業。

這些在打罵中長大的孩子，不是反抗性強，就是防衛性高；不是容易使用暴力，就是造成抑鬱。他們共同的問題是自尊不健康，有較多的情緒問題。這些人在家裡所表現的情緒智慧較差，與家人相處有較多的困擾或衝突發生。

因此，建議你不要用打罵的教育，因為眼前的效果不過是暫時的，而它的副作用則是長期的。用以下這些方式來教育子女，效果反而好：

1. 改變接觸的環境。
2. 給孩子責任感和承擔。
3. 溫和示誡，指導該怎麼做。
4. 訂定規範，付諸實行。
5. 多用獎勵，該罰則罰。

你嘮叨孩子邊吃晚飯邊看電視，不如用餐時間把電視關掉；你一再責備孩子躺著看書，不如調整書桌和床的距離及燈光；你希望孩子勤勞，就與孩子商量，看看哪個時間適合一起做家事，不過一起工作時要高興和風趣，否則孩子不會願意跟你做事。

你常責怪孩子懶，不負責任，沒有整理自己的房間，不如給他責任感，「孩子！你自己列幾項這個週末該做的事，貼在你的書架上。」你督促他做個計畫，或者跟他討論該做些什麼，寫好了貼在醒目的地方，他就會找時間做，甚至很快就著手做好。

你要懂得溫和示誡，而不是疾言厲色的訓誡，例如：「孩子，我不喜歡你吃飯時趴在桌上的樣子。」「接電話時請注意禮貌。」如果你用諷刺、責罵的方式訓誡他，反而不易收到效果，尤其是青少年叛逆期間，更容易發生衝突。

家裡需要有家規，是共同訂定的，大家一起遵守；列出最重要的規範，例如作息時間、家事分配、待人的態度等等，要簡單明白，並多予以獎勵。

最後要注意的是，你可以和孩子一起學習克制衝動和憤怒，一起練習保持鎮定的方法。當緊張激怒時，要懂得閉上嘴，想一想該怎麼做最好，然後再去做，不可以因一時衝動，造成人際上的傷害。你能這麼做，孩子也就好帶了。

9 不作過多誇獎

不切實際的誇獎失真，過度的誇獎造成壓力

父母親給予孩子適當的誇獎，對培養孩子的信心，養成自動自發的態度，具有正面的效果。

但是，不分青紅皂白，輕易給孩子讚美或誇獎，孩子因為得來容易，反而會養成馬馬虎虎的習慣。這還不算嚴重，過多的誇獎，長期溫窩在誇獎的笑容裡，則容易養成退卻、不敢冒險的性格，甚至發展成焦慮症候。

對孩子而言，受誇是一件喜樂的事，可是受獎成習，就會擔憂得不到誇獎。當他覺得沒有把握，或者自忖不容易做得好時，就會退卻或逃避。長期擔心，怕自己做得不好而得不到誇獎，也會累積壓力和緊張，形成焦慮的習慣。

一位母親帶孩子來晤談，她說：「我們並沒有給孩子什麼壓力，也很少責備他，更不會疾言厲色；我們奉行以獎勵代替責備，為什麼孩子會越來越憂慮呢？」我單獨和這位念國中一年級的孩子交談，發現他擔憂自己不能名列前茅，所以很用功，經常失眠，覺得壓力很大，甚至想休學。

「我很怕考不好，所以每天讀到深夜。」他說。

「你覺得學習有困難嗎？所學的功課你不會嗎？」

「不是，是怕考不好。如果落到三名以外，我會覺得很沒面子。我就是怕輸！」

「你父母親要求你考前三名嗎？」

「沒有。是我自己粗心考不好，我就是很在意成績。」孩子哭了起來，「我怕失敗，那很沒面子。」

「對誰來說，你會覺得沒有面子？」

「我怕對不起爸爸媽媽！怕得不到他們的歡心。」他泣不成聲。

這個表現向來優秀的孩子，長期生活在父母和親人的誇獎之中，由於一直保持好名次，他未曾嚐過父母沒有誇獎的滋味，失去誇獎就如同失去父母的愛，他把這個懼怕誇大成嚴重的威脅。

因不當誇獎而導致焦慮反應的孩子，在諮商個案中屢見不鮮。有些孩子發展成憂鬱症，有些孩子變得厭倦。過多和不切實際的誇獎，會給孩子帶來困擾：

1. 孩子所做的事情，你習慣性地誇獎，甚至不是真心的；孩子知道是口頭禪式的誇獎，會當耳邊風。
2. 過度的誇獎，甚至在親友面前經常讚揚，這會造成孩子的焦慮，爾後只要沒有把握的，就想避開它、脫離它。
3. 依賴誇獎而努力用功的孩子，在遭遇不同意見的挑戰時，容易放棄；在與同儕交往時，容易犧牲自己，去迎合別人。

誇獎具有啟發性和鼓勵作用，但教育孩子的過程中誇獎過多，會帶給孩子壓力，形成焦慮。所以誇獎要適可而止，我們可以改用欣賞、了解、交談、聆聽等方式來代替過多的誇獎。

10

怎麼鼓勵孩子

懂得欣賞和分享孩子的學習心得或成果

最近我應邀為國小家長演講，會後座談時，我順便詢問大家：「你用什麼話鼓勵自己的孩子？」我記下他們的答案：「努力用功，做個好孩子，大家都會疼愛你！」「好好讀書，有好成績，將來才有好前途！」「你做得好，媽媽就給你買玩具！」「你這張畫作真美！」「你的字寫得很工整，我很欣賞！」「如果你進步，就發獎學金給你！」「你真是乖孩子！」等等。

這些鼓勵的話，有的太空洞，比如「你真乖！」有的太遙遠，比如「將來才有好前途！」有些是利誘，例如發獎學金、買玩具。我覺得這樣的鼓勵效果不大，有時甚或造成反效果。倒不如你真心欣賞他的畫作和寫字，更容易鼓舞士氣和建立信心。

我認為欣賞和分享孩子的學習心得或成果，是對孩子最好的鼓勵。你真心的欣賞他的美勞作品，舞蹈的神情，寫作的創意，歌詠時的投注和用心，孩子所得到的支持和鼓勵，自然會引發他的興致，化為主動學習的動力。

你專心聆聽孩子轉述老師說的故事，欣賞他朗誦一則童話詩作。把工作放下來，看著他，重視他為你講的得意、擔憂、遐思和想像，他得到的是愛的鼓勵，是受到重視和肯定，在童稚的心靈裡，已然茁長出自我肯定的根芽。

你要有一對好眼睛，找出孩子值得欣賞的地方，好建立他的信心。有信心又受到欣賞，孩子就會主動學好，勇於表現。如果有需要指正的地方，你要問清楚，透過討論、交談、舉例給他做參考。如果有錯誤，要平心靜氣地指出來。請特別留意：千萬不要一味地指正缺點，而沒有欣賞他的優點和特色。以為孩子做得正確是應該的人，往往坐失鼓勵孩子的機會。

對於判斷和想像的題材，你要保持彈性和創意才行。我的孩子念小學一年級時，有一回畫了一張香蕉，興致勃勃的拿來給我看。香蕉著的是紫紅色，我覺得很誇張，脫離現實太遠。不過，我想了想才說出：「你用色很大膽，這張畫很特別！」來表示我在欣賞他的力作，但我還是告訴他：「想想看，香蕉有這種顏色的嗎？」他回答我說：「沒有。」但還是很高興地走開了。

過沒多久，我們一起到中部的埔里玩，沒想到公路旁的賣店裡，竟然掛著一串串紫色的香蕉。他又高興又驚奇地說：「老爸！你看那香蕉，像不像我畫的！」我說：「嗯！那香蕉很特別。」心裡想著，好在我沒有刻板到非要把香蕉糾正為黃色不可。

欣賞、分享和彈性，能給孩子帶來最多的鼓勵，它的效果絕非甜言蜜語或物質獎賞所能比擬的。

11

孩子偷錢怎麼辦？

正視心理匱乏，謹慎防治積非成習

大部分的孩子都曾偷過錢，所不同的是偷的動機和次數。一般而言，孩子的偷竊行為大多是臨時起意，只要你留意勸導，避開誘發的刺激，就能有效改正。但有一部分的青少年，偷竊行為已積非成習，那就要費一番功夫矯正了。

孩子偶然偷錢，無論在家或在外，只要好好對他說清楚，做點防範就行。一旦改過自新，獲得體諒與嘉許，就會脫離偏差行為。倘若孩子經常偷竊，除了偷父母的錢之外，在外面也會偷，甚至連日用品都偷，那就表示有了心理上的原因。它包括：

1. 透過「偷」來彌補心理的匱乏感；匱乏感越厲害，越會亂花錢，當然偷錢的驅力也越強。匱乏感的來源和家庭生活及管教方式有關。

2. 在家裡得不到愛和自尊，於是轉向不良同儕團體，尋求認同和滿足。為了討好，付出超過他拿得出來的金錢財物表示結緣，後來不得不偷竊。

3. 一種焦慮感催逼他去偷取錢財或物品，囤積著欣賞、把玩；以偷為樂，成為他的補償性行為。

偷竊的孩子往往有一個共同的特質，那就是缺乏愛與安全感。主要原因出自管教過嚴、放縱溺愛、怒斥責罰和溝通不良的家庭。這些家庭的父母親說他們很愛孩子，但孩子覺得沒有得到關心和溫暖。

一位國二學生的親人來信說：孩子的父母見其屢次偷錢，打罵說理皆無效，只好將財物上鎖，嚴加防範，並警告孩子：「若在外行竊被發現，決不保妳回來！」這樣處理，會不會令孩子覺得失愛？如何教導她？每月三百元零用錢是否太少？……對於這樣的個案，我建議：

1. 用恐嚇來矯正孩子的偷竊行為，效果很低。正確的方法是對孩子說明偷竊是犯法的行為，把法律條文翻出來給他看，告誡他要改過自新，否則會受到法律制裁。

2. 適度給孩子零用錢，透過零用錢的管理，教導孩子學會自制。零用錢的多寡宜依實際需要衡酌：國小低年級採日給制，中高年級、國中生採週給制，表現良好的可採二週或月給制。

3. 矯正偷竊行為時，一天沒有偷竊，就要表示嘉許；一週不偷竊，要有適當的獎賞。零用錢使用得當要嘉許，能自我控制更值得讚賞，必要時可酌量調高零用錢當獎賞，經二至三個月後，正確行為即可養成。

偷竊的孩子，心理上都伴隨著不為人知的焦慮，於是不能專心讀書，常把時間消磨在與同儕一起廝混，上電腦網路、玩電動，交友隨便，甚至染上吸安等習慣。處理這些問題，必須先建立正確的家庭溝通，學習互愛，創造生活情趣和溫馨。至於把孩子罵一頓，羞辱她「妳真下賤！」「將來人盡可夫！」等，這種責罵不但無效，反而會引來更多的副作用。

生活在富裕多慾的社會，孩子很容易受到引誘，在無意中染上偷竊等偏差行為。對於這類行為，要謹慎，要講求方法，要有耐性和愛心，必要時可求助專家，做家庭諮商。萬不可憤怒將事，採取責打、羞辱或恐嚇的方式，那只會徒增困擾。

12

無須標新立異

避免形成孩子自以為怪異的自我觀念

孩子的自我觀念，是從周遭的人和玩伴那兒，蒐集對自己的觀感和評論得來的；孩子對自己的看法，是歸納別人對他的態度得來的。因此，父母要避免給孩子製造奇異的形象，不要讓孩子塑造一個怪異的自己。

一位國中一年級的孩子，人際關係不好，不敢跟人交朋友，總覺得自己很怪異，別人都以異樣的眼神在看他，因此他索性不跟別人來往，而陷入孤獨寂寞的痛苦中。我跟孩子深談，過程中卻也看不出孩子有什麼怪異的行為，於是請父母親回顧孩子成長的經驗。

為了充分了解孩子的過去，我請父母親把孩子從小到大的照片整理成冊，帶來一起回顧。赫然發現，在幼稚園的階段，孩子留著怪異的龐克頭，穿著也很奇異。我問他們：

「這是化妝舞會嗎？」

「不，學齡前我們把他打扮著好玩，不過逗樂而已。平常就是如此，有什麼不對嗎？」我沉思了一會兒，想像孩子每天打扮得怪模怪樣，其他大人如何以驚奇的眼神看他，稚齡同伴也會戲謔他。我說：

「孩子長期接受別人驚異的眼光，形成自己是怪異的自我觀念。現在，他的穿著儀表並沒什麼特異之處，但總覺得別人認為他怪怪的，以致退卻下來，不敢跟別人交往。」

父母親聽過我的解釋後，異口同聲說：「想不到要給孩子意外的快樂，卻弄巧成拙。」於是，我們一方面著手幫助孩子建立人際，一方面為他解釋，破除不切實的自我觀念，他的交友狀況和自卑才得到改善。

不久前，我和家人一起去登山，遇見一對夫妻，偕同他們的親友、孩子在郊外踏青，我赫然看到一個打扮得怪模怪樣的孩子，頭髮只留下中央一小撮，孩子在眾人面前哭，很不自在。尤其在遊人如織的仙跡巖上，大家皆用異樣的眼神看著他。我起了惻隱之心，對孩子的父母說：

「孩子好像很不自在，要替他解圍才好。」

「這孩子真沒用。」他們不耐煩地看了我一眼。

我離開那兒，帶著幾分傷感下山。心裡想著：是大人喜歡吸引別人注意呢？還是孩子喜歡被打扮得怪異？但是我知道把風頭出在孩子身上，無論是為了標新立異，或為了成績賽過別人，這都是頭角崢嶸之舉，對孩子心理健康並無好處。

第三篇 發展生活適應能力

豐富的生活經驗對孩子心智的成長與將來的社會適應，有著決定性的影響。孩子在生活中發展智能、人格特質和精神力量，豐富的生活經驗讓他們可以從中學習和成長。教育專家們強調生活即是教育，因為教育就奠定在生活經驗和內容上。

透過生活經驗，教導孩子思考、待人、品德和情緒，才不致脫離現實，而能發展成生活的適應力和創意。最近的心理學研究指出，我們從書本上得來的實用知能佔百分之十，從聽聞得來的佔百分之十五，從實際經驗和研究中得來的佔百分之七十五。因此，想培養適應能力強的孩子，就要注意生活經驗和生活教育。

社會變遷快速，未來學家的推估指出，現在的兒童成長到投入職場工作時，社會和職場的變遷速度，將會是現在的四倍。所以生活適應能力不可不重視。

經濟生活富裕了，許多父母不希望孩子像自己一樣吃苦，對孩子百般照顧溺愛；孩子只顧好好念書，很少在生活中歷練，更缺乏協助父母勞動、工作和做家事的經驗。孩子活在脫離生活現實的不利環境中，長大之後，就可能無法面對現實，不肯吃苦。他們沒有養成負責的習慣，欠缺堅持和忍耐的毅力，待人接物和基本的處世能力亦顯不足。

生活適應能力不足會影響工作，阻礙人際關係，妨害情緒生活，甚至造成邊緣人格，不斷產生偏差行為。欠缺實際生活歷練，加上看電視和上網路時間過長，容易促成虛擬人格特質，使孩子缺乏面對現實生活的本領。

本篇所討論的重點，在於創造機會，提供孩子學習生活適應的本事，並透過這些經驗，發展出能幹、堅毅和待人接物的品行。其要點是：

1. 在生活中培養堅毅的性格：給孩子信心和成功的機會，從而發展自信和對未來充滿希望的態度。
2. 孩子需要待人接物的規範：它要從實際生活中學習，你不但要為孩子解說，更要以身作則。
3. 教孩子懂事和通情達理：它是與人合作、結合眾緣的智慧，只有透過生活歷練才培養得出來。
4. 指導並陪同孩子做家事：這對孩子的心智成長、學習生活適應和心理健康，有積極的助益。
5. 及時指導孩子建立良好的生活習慣，不要寵壞孩子：父母既須警覺孩子錯在哪裡，又須及時有效回應。
6. 重視道德陶冶：透過故事、傳記和信仰，培養道德行動，啓發道德判斷。

生活適應能力決定一個人的幸福和職場上的表現，它是一個人生涯的主軸，而且具有一貫性，影響及於終生。如果孩子的生活適應力沒有得到應有的發展，往後各階段的成長和成熟，都將受到干擾。

孩子的生活適應能力，不是用嚴管勤教、耳提面命能教得來的，它需要父母的創意，在生活中隨時指導，將毅力、明理、責任和待人接物的規範，化為習慣與美德，才能培育出來。

1 培養堅毅的性格

製造機會建立自信，才有堅毅的表現

堅毅是一個人活得健康，能掌握自己的人生，堅持重要的價值和目標，能接受挑戰的一種精神力。這樣的精神力，是要從小學習，在生活中逐漸養成，而不是用認知或訓誡的方式，一蹴可幾的。

堅毅度越高的孩子，越表現得勤奮和積極，情緒穩定，能承受挫折，鍥而不捨。孩子將來是否健康幸福，與其堅毅的人格特質息息相關。

一位年輕的媽媽問我：「念國小低年級的兒童，也能學習堅毅嗎？」她是在聽我演講如何有效教導兒童後，提出這個問題，引起許多年輕父母的興趣。於是，我為他們解釋提升孩子堅毅度的幾個方法：

1. 給孩子信心和成功的機會。
2. 告訴他怎麼做，而不是事後才責備他做錯。
3. 從興趣中培養長處，再依長處延伸學習多方面能力。
4. 引導孩子自我稱讚。

對一個幼童，你問他「你會自己穿上外衣嗎？」他做到了，你說「真是好極了。」你又問「你能把衣服掛好嗎？」他做到了，隨即告訴他「真好！」這些互動都在增加孩子的信心。你別小看這些小事，孩子能辦到時，及時給他肯定和欣賞，他的信心和做事情的動力就會得到增強。

讚美和欣賞孩子，必須在不誇張、不造作的情況下表達，而且要在日常生活的事件上，找出值得你欣賞的行為，這樣日積月累，就建立起孩子的自信心來。孩子有信心，自然表現出堅毅。

孩子並非天生什麼事都做得好，因此要先教他怎麼做，給他成功的伏筆，等他做得對、做得好時，就要欣賞他，讚美他。這麼一來，孩子自然表現出能做事的信心，和勇於嘗試的骨氣。孩子做事，有些部分做得好，有些部分做得差，父母的眼光要放在做得好的部分，表示欣賞和讚美，這是培養健康自我的關鍵。經常糾正錯誤，或強調做得不好的缺陷，孩子會懼怕嘗試和學習。

許多逃避行為，都是在童年以前養成的。有些父母急於改正孩子的錯誤，視做得好或正確為當然，未加欣賞讚美，卻張大眼睛挑孩子的錯，予以指責或譏諷，這對孩子的傷害殊大。這些孩子容易表現出消極、逃避、自我防衛或攻擊行為，他們在克服困難的堅毅度都差人一等。

別急著要求孩子學習太多才藝和知識，沒有心理準備和興趣牽引的孩子，勉強逼他學習，只能得到刻板僵化的知識。你要透過孩子現成的興趣，引導他學習更多的能力。他喜歡玩折紙飛機，你可以透過這項遊戲經驗，鼓勵他寫一篇短文，容易達成有效的學習；或者把不同飛機模型的飛行距離丈量、記錄下來，作計算，學習數學；或者比較個中的差別，而從事科學思考。

孩子先有父母的欣賞和讚美，從而發展自信和自我稱讚。先有父母帶他學習解決問題，克服困難和挑戰，從而得到滿足感，才會有堅毅的態度，去面對自己的未來。

2

生活的希望與憧憬

自然表達對孩子未來的期望和欣賞

父母親對孩子要抱以厚望，讓孩子知道你期望他勤奮，期望他做一位正人君子，期待他有毅力克服困難，希望他好學向上。父母對孩子永遠要抱著希望，那麼孩子就會有成長的動力，做一個有希望的人。

有一天，我讀到美國作家傑克・卡尼（Jack Kearney）所寫《我的父親》一書。他回憶道：父親永遠對我們抱著希望，他生養了十七個子女，經濟拮据，但我們一家人一起努力，一起在農場工作，日子雖然過得很辛苦，但我們的家庭總是書聲不斷，學習精神旺盛。父親一直期望我們長進，也幫助我們克服困難，後來我們這些兄弟姊妹有十五個人完成大學學位，另外兩個人正在肄業之中。爸爸的期望總能引發孩子們對未來的憧憬，他說：

「孩子！等你上大學時，你就是我們家的先鋒。」這些話常感動我，也讓我對弟妹們抱著希望，我們互相期許，全家動員起來，一起工作、讀書、唱詩和禱告。受到父親的影響，有時我也會對弟妹們說：

「老弟，等你上大學時，我已經拿到學位了，到時候我會幫你忙。」

讀完卡尼的作品，闔上書，一幕往事浮現腦際。我發現母親也是用期望來引發我們的憧憬。有一次，我們一起在山上工作，邊除草邊閒談未來，她很自然地說：「孩子！你能克服困難走出路子來，弟妹們也就會跟上去！」殷切的口吻至今仍烙在記憶裡。她不會表明期望我考好成績，而把期望擺在未來的視野，令我懷著鮮麗的願景，振奮起來，無論白天工作多累，我總會念書。

有一次在茶餘飯後的談話中她說：「啊！你若考上大學，那就是我們家的火車頭。」

這些期望令我對未來抱著無限的憧憬。無論環境多麼困難，我還是半工半讀，設法解決，因為前頭有個希望在向我招手。尤其是生意做得不錯時，我不會因為眼前利而忘了長遠的目標，仍然堅持讀大學的理想。

對孩子抱著崇高的期望，無異給了他成長的動力和願景。不過，父母所期望的不應該是成績，更不是追求功利，而是對孩子積極奮鬥的期許、克服困難的期待和做人做事的期望。

不過，期望的表達必須透過平常心，恰如其時的說出，懷著信心的口吻，自然地表達對孩子未來的期望和欣賞。就是它，它能引發孩子的振作、毅力和成長。

3 在生活中孕育品行

輕忽生活教育是父母的失職

孩子日常生活的行為，待人接物的態度，一旦固定成習，就成為性格的一部分。它影響學校生活、讀書習慣、人際交往和品德的發展。

別小看日常生活的教養，它可能就決定了孩子的命運。那些疏忽生活教育，不重視禮貌、責任和尊重的家庭所培養出來的孩子，既不會友愛別人，也不會自愛。

一位當老師的朋友告訴我一個故事。他說，以前他家的樓上鄰居，長期縱容孩子蹦蹦跳跳，樓板震動的令人不得安寧。有一天，噪音吵得他無法承受，便打了電話請樓上的家長稍做約束。結果，卻引來對方的怒罵：

「你不知道孩子就是要跑跑跳跳的嗎?他要跑要跳是正常的，你懂嗎?」高分貝的聲音令他錯愕。

他幾次與鄰居洽商，希望他們稍為約束，因為孩子都已經上小學二年級了，但對方還是我行我素，蹦跳聲、電玩聲、猛力甩門的震耳欲聾聲如常。後來，孩子也被父母親教得對鄰居惡臉相向。我的這位朋友受不了，只好搬家。

事隔十年，朋友在偶然機會裡碰到這位老鄰居。他被孩子折騰得憔悴不堪，孩子偷錢、中途輟學、遊蕩不歸，現在又犯了竊案，被送到觀護所。老鄰居說：

「孩子根本就不自愛，不替自己想，也不會替父母想。」

「好好愛護他，大一點會好轉，會自愛的。」朋友安慰。

「我看，根深柢固，無藥可醫!」

說完這個故事，朋友臉色凝重地對我說：「十年前我就預感到他們的錯誤教育會貽害孩子，但沒有想到種下的禍根竟會如此之深，反過來把父母親弄得一籌莫展。你在《國語日報》寫專欄，不妨多告訴家長重視生活教育。」

「你想要我替你傳達什麼?」

他建議為人父母者，教孩子要從居家生活開始：

1. 要學習尊重別人。替自己想，也要替別人想。

2. 生活習慣影響一生。別輕忽關門、開門、走路、作息這些生活小事，草率和魯莽的任性之舉，不但養成不愛物、不惜福的作為，更會因為粗心而造成無可彌補的災難。

3. 縱容孩子所得到的歡笑，是一種假幸福；如果你以縱容稚情為樂，則無異飲鴆止渴。

4. 沒有教養的孩子，往往得不到好人緣；在班上得不到同學的接納和肯定，以致自我價值感低落，造成更多偏差行為。

聽完這位老師的高見，我非常佩服。他已把生活教育的內涵說得淋漓盡致，於是答應為他轉述。離開時，他又補了一句：「別忘了告訴大家，教育要從走路、吃飯、開門、關門、說話、穿衣等等生活實務中，透過良好的身教做起，才會有效。說教的效果是沒有什麼用的。」旨哉！斯言。

4

從待人接物著手

孩子需要從父母身上學習道德能力

做了二十幾年的心理諮商工作，接觸各個年齡層的種種適應困擾，總覺得人若能在童年以前，學好待人接物的習慣，心理健康和適應環境的本事，都會大大的提高；它簡直是成功人生的本錢。

良好的待人接物習慣，便是一般人所謂的道德能力。它左右人生的幸福，影響婚姻，對生涯發展有決定性的誘發力。我深信兒童的教育要從這個基線出發，才能保證孩子具有光明的未來。

道德感要從父母和周遭人的生活態度中學習。教育家已然注意到，小時候習慣做好事，長大就成為正人君子。我也相信只有好榜樣和適當的鼓勵，才能誘發生命世界中寶貴的道德力量。

小時候，母親一向重視訓練我待人接物的基本態度；在她的眼裡，這比功課和成績重要得多。記得國小時，鄰居一位外省籍同學每天和我一起上下學。有幾天我受同學的影響，故意擺脫他，自己匆匆回家。一進門，媽媽問我：

「為什麼沒有跟德昌一起走？」我說：

「啊！媽媽！大家說他是外省孩子，都不跟他說話，甩開他，不跟他在一起走，這你該知道的。」媽媽以嚴肅的口吻對我說：

「我不知道什麼外省人，但我知道德昌一定很孤單，很無辜。我也知道你沒有幫助他，反而疏遠他，這令我感到羞恥。」當晚，她慈祥地再次叮嚀，要我友愛同學，幫助弱小，告訴我觀世音菩薩會保佑懂得照顧和體諒別人的孩子。

第二天起我又和德昌一起上學，不再理會別人怎麼說。後來他隨著父親工作調動搬家了，我沒能再見到他，不過母親的教誨和幼年的友誼，到現在仍歷歷烙印在腦海裡，成為我待人接物的基本態度。

道德能力是在一件件生活經驗、示範、身教和庭訓中養成的，透過歸納思考，形成堅毅的行動能力和判斷，有所為有所不為。依我的觀察，孩子需從父母那兒學到的道德能力，應該包括愛、真實、歡樂、勇氣和人道的信念。它們不是成篇累牘的知識和理念，而是一件件真實的行動。

5 誠實才有信心和責任

教給孩子誠實就是教給他希望和光明

誠實是受人信託的本錢。人若不撒謊，說什麼就是什麼，才會受到信任。誠實跟自信有關，信心好的人展現出真實的自我，無須撒謊，信心差的人總要藉著虛偽和謊言來保住自己的面子。肯負責的孩子知道真誠地把事情做好；缺乏責任感的孩子為了逃避，才會假藉各種理由，推三阻四。

誠實的態度沒有建立起來，不但為人不牢靠，做事也會馬馬虎虎。如果你沒有教會孩子誠實，將來會帶來許多麻煩，產生偏差的行為。

我少年的時候，家鄉以產柑橘聞名，那時上品的柑橘都以高價收購出口，不過管制很嚴，例如採收時必須小心輕放、不能碰撞，果皮長黑塵的必須淘汰。我利用寒假打工，幫鄉人採收橘子，看到有些農家竟然把淘汰下來的柑橘，經過洗刷之後，矇混送檢出口。我說：

「這樣做，柑橘到了國外就腐爛，明年外國人就不買我們的橘子了。」這些人呵責我管閒事，警告我：「囝仔人有耳無嘴。」禁止我再說下去。

第二年，果然柑橘的外銷數量減少，價格也下滑，原因是腐爛的比率太高了。我從這件事學會了誠實不只是對人的必要態度，同時也是接物的準則。後來我做水果生意時，很重視品質和分級，於是，我的顧客固定，經營起來也很順利。

最近，一位朋友告訴我，孩子六歲時，帶他到朋友家做客，結果孩子順手牽羊，拿了人家的布偶娃娃回來。當時，他們其實可以打電話告訴朋友，改天再送回去的，但是孩子的媽媽卻很堅持：「現在就要送還人家！」於是，全家陪著孩子，把布偶娃娃送回去。他說：

「你也許認為，何必為了一件小事勞師動眾呢？對孩子而言，就是要讓他知道，做了一件不誠實的事，必須付出勞師動眾的代價。我們沒有責備和羞辱孩子，但他經過這件事之後，卻學會了誠實。」

美國前教育部長班奈德（W. J. Bennett）曾說：「誠實表現出自尊和尊重別人，不誠實則反之。」誠實為生命注入率真、可靠、坦白和光明的傾向，不誠實則生活於陰影和黑暗之中，我們該教給孩子誠實，這無異教給他希望和光明。

6

教孩子懂事

在實際生活中實踐同理心

孩子懂事，父母會覺得很溫馨，辛苦的照顧教養，好像就有了回報一樣。每當看到孩子體諒父母太忙，而自願幫忙做家事；父母受到傷痛，而能溫婉安慰；家裡面臨困難，而能自愛努力，做父母親的當然很安慰。

懂事的孩子，人際關係較好，領導能力亦佳。他們能跟別人合作，一起完成共同的作業；他們的感受性較高，能明白自己的行動會對別人產生什麼影響，因而獲得較好的友誼和自我價值。懂事的孩子，獲得成長和學習的機會自然比別人多。因此，誰都希望有一個懂事的孩子。

許多人問我：「怎麼教孩子懂事呢？」我總是告訴他們：「教會孩子以同理心待人，並在實際生活中演練。」同理心就是俗語所謂「知道別人的輕重」，在實際生活中演練，是指善用生活中的題材，協助孩子發展解決問題的能力。

培養孩子的同理心，最好的方法就是角色扮演，跟孩子演練他遇到問題的情境。你可以讓孩子扮演父親或母親的角色，自己則扮演孩子的角色，然後演練一番。角色互換的演出，會幫助孩子了解別人，了解不同的立場。

當孩子閒談時告訴你，班上同學小明偷了別人的零用錢，被老師嚴厲處罰時，你也可以採取角色扮演：「孩子！你扮演老師，我扮演小明。」在扮演中，他了解偷錢的原因，甚至於推展到「老師嚴厲處罰小明固然應該，但並沒有解決他偷錢的背後原因」。孩子在角色扮演時，會發展另一種態度去看待事情。

對於國小年齡的兒童，父母要常念故事給他們聽。偶爾你也可以就感人的一段，跟孩子做角色扮演，當然更可以把握實際情境，和孩子一起做角色扮演。比如說，孩子的課本遺失了，他不知道該怎麼辦而哭起來，父母可以在安慰他之後，進行實際演練如何解決問題。

爸爸說：「哭能解決問題嗎？你認為該怎麼做才好？」孩子說：「我要買一本新課本。」於是，進入演練買書的過程。從了解書要到哪裡買，怎麼打電話查出地點、價格和門市的時間等等，指導孩子從中學會實際解決問題的能力。最後，當孩子親自買到書時，會有很高的成就感。

孩子丟了課本，有些父母很快就買給他，怕他擔心難過，或被老師責罵，這樣一來孩子什麼也沒有學到。有些父母則愛之深，責之切，把孩子先叫來訓一頓再說。其實生活中有許多事情，都是教育孩子很好的題材，要有效地運用它，把孩子教得能幹懂事才對，而不是消極的責備或什麼事都幫孩子做好。

7 指導通情達理

以溫和而堅定的態度貫徹生活規範

為人處世，最重要的是通情達理。簡單的說，一個明白事理的人，容易跟別人合作，人際關係較好，心情穩定，對事情的判斷也比較正確。因此，你要教孩子講理，甚於任何知識的灌輸。講理的孩子不會找藉口跟你嘔氣，找理由敷衍責任，他的心智是健康的。

你不妨觀察看看，那些為非作歹的人，總是找很多藉口，然後一步步接近邪惡。心理不健康的人，也慣於尋找藉口，放棄理智和責任，才越陷越深。為了孩子的未來幸福，避免踏入邪惡、失敗和心理疾病，父母一定要教孩子講理。

孩子不講理，你會氣得跳腳；他們爭論揶揄，你會大動肝火，不分青紅皂白，把他羞辱甚至修理一頓。當心，你自己正陷入非理性的激怒之中，你的身教將傳遞給他們不講理或魯莽的作風；而這些不講理的作為，將會倒轉回來造成父母與子女的對抗衝突。

這裡有幾個技巧，能幫助你教孩子講理，而無須透過打罵，不妨試一試。

第一，減少衝突的機會。你不希望孩子吃太多糖果餅乾，就該把它收好，一次只拿適量出來，而非一盒都攤在那兒，以免他看到就想吃，你老是在制止，衝突增加，無異教孩子不講理。你不希望孩子看太多電視，奉勸你在孩子年紀尚未大到會跟你爭執之前，做一點節制。這類問題也包括打麻將、賭博、不當的娛樂等等。

其次，溫和示誡，該罰則罰，該獎則獎。對於一般的生活規範，要溫和教導，如有踰越，也要溫和勸誡：「孩子！未經同意不能拿別人的玩具！」「時候不早，急忙趕路心情不好。」對於不守家規，那麼就該處罰：「你去閉門思過，想通了再出來！」孩子兩三分鐘就會出來，說明自己的錯誤，表示願意改進。但別忘了，當孩子做得好時，要給他獎勵。

其三，要約法三章。看到孩子的衣服、玩具、文具和床鋪雜亂不堪，會引起你的生氣和指責，解決方法可以在家裡設個簡易布告欄。將孩子該做的事寫在上面，提示他們，比一再重複嘮叨要有用得多。要記住的原則是，要求孩子打掃、整理房間、做家事的時間，是可以彈性調整的。這能促進孩子講理，而且有彈性的調整作息，對未來生活適應亦有好處。

其四，記得先指導、示範，再要求。這能讓孩子做起事來順利成功，增強信心和主動的意願。不先教孩子怎麼做，等到做錯了再責備他「你這笨東西！又把事情弄砸了！」這是兒童教育的禁忌。

講理是從生活和日常實務中培養出來的，講理的孩子來自講理的家庭氣氛，以上幾招蠻管用的。

8 提醒孩子做家事

清楚的提示和保持彈性是要訣

做家事能培養孩子身手靈巧、主動勤奮和挫折容忍力。做家事的孩子，大多品學兼優，未來的發展潛能也比較好。根據一項追蹤研究發現，做家事的孩子積極主動，人際關係較好，他們出社會後高薪的可能性是一般人的四倍，失業的可能性比一般人少十五倍。

尤其在都會地區，孩子們協助家人做事的機會少，倘若連家事都不做，將來不免笨手笨腳，對於現實生活的適應能力自然較為遜色。因此，父母親要多指導、帶領孩子做家事。

然而孩子好玩，所以很容易分心，忘了大人交代的工作。一般父母以為他們懶，便以責備和懲罰的方式，強制孩子就範，弄得孩子討厭做家事。其實，引導孩子做家事的方法是示範、提醒與合作。先教會孩子怎麼做，提醒他該做什麼，並採取分工合作，大夥兒一起來的方式，以助長工作的良好氣氛。

孩子該做的家事，要用提醒代替責備。提醒包括當面提醒、電話提醒和家庭布告欄。多年前，我家兩個孩子還在小學就讀時，為了提醒他們做家事，便用報夾夾一疊舊報紙，掛在客廳醒目的地方，上面以粗的簽字筆登載著該做的家事和功課，例如，放學回家，請你們幫忙：

一、按下電鍋煮飯。

二、整理書架。

三、看電視要控制時間。

四、冰箱裡有點心。

五、哈哈！（也可以畫個笑臉）謝謝你們！

我們下班回來時，家裡總是有條不紊，孩子功課已做得差不多，電視節目中有意思的話題也能講給大家分享。只要家長懂得示範，做個好榜樣，提醒孩子去做，孩子是自動且能幹的。

有時，為了提醒孩子做特定的家事，比如打掃房子，提示就必須清楚明白，而且在執行上保持彈性：「週末期間，請自己找時間打掃書房和客廳。」

運用家庭布告欄提示孩子做功課、遵守生活作息和規範，都相當有效，而且可以避免給孩子嘮叨的感受。應用這種提示法，要注意以下原則：

1. 列舉要做的事，一次不宜太多。
2. 做到了就給予獎勵或表示欣賞。
3. 保持彈性；規定時間範圍，由孩子自行決定執行。

孩子萬一忘記了，稍加提醒就可以。關鍵在於有效的提醒，而不是強烈的責罰。

9 不把孩子寵壞

愛之適足以害之，尤須謹慎

我從事兒童青少年輔導工作多年，接觸過不少個案，知道孩子們行為的偏差或心理上的失調，有許多來自失和或破碎的家庭。但也遇到一些孩子，他們的父母親很和睦，家庭生活安定，孩子卻也出現偏差行為或適應困難。

這些父母親會質疑：「我們的家庭怎麼會養育出這樣的孩子呢？」經仔細觀察研究，發現這些孩子什麼都有，物質環境良好，獨缺積極進取的動力；家庭生活正常，卻滿腹牢騷，常與父母爭吵；生活安逸，卻表現得浪漫無章，經常不上學，喜與中輟生鬼混。這些孩子的父母談及自己的子女，都會頓足、痛心、落淚。

歸納這些個案，尋得幾個線索，給現在正在教育子女的父母親參考。總結起來，這些線索都是導致寵壞孩子的因素，只要能避開這些陷阱，孩子就能教得好。寵壞孩子的因素如下：

首先是把孩子擺在第一位。以孩子為家庭生活的中心，處處遷就他，孩子就學會自我中心，不懂得考慮別人的立場。父母處處順著孩子，哄得他高興，溺愛太過，孩子需求的也多，衝突和不聽話的機會就大大提高。

其次，迷信民主的家庭教育。在家裡，如果凡事都要徵得孩子同意，不敢勉強孩子做該做的事、遵循該遵守的生活規範，孩子的生活沒有章法，便容易跟同學和家人起衝突，其人際互動亦較差。從小不重視生活規範的孩子，到了青春期，生活更容易紊亂失序，卻經常會對父母大吼「你少管我！」而父母對他根本已經束手無策。

第三是怕孩子受挫折。許多父母親相信，遭逢挫折會造成壓力，或者因此而失去信心，因而努力保護孩子，使其免於受到挫折。結果，孩子反而怕挫折，缺乏再接再厲的毅力；長大之後，稍有不如意便想逃避。許多青少年經不起挫折和挑戰，整天賴在家裡，不敢面對現實，實肇因於受保護太過。其實，在正常環境中，本來就是有順有逆，只要不是經常受到挫折，且能因勢利導，善予鼓勵，不做貶抑和批評，適度的挫折反而有益於心理的健康。

第四，玩具和物質獎勵太多。父母太疼愛孩子，希望他高興，從小便用玩具討好他。結果孩子越來越依賴被討好，發展使自己快樂的活動的主動性減少，自製玩具或自創遊戲的興致也下降。目前流行的電動玩具，會把孩子局限在人與機器的互動上，而未能發展同伴相處的能力。此外，長期沉迷於電玩，主動、好奇和創意的天性將受到壓制，對於情緒和智力，亦造成負面影響。

以上四種因素都足以寵壞孩子。寵壞孩子是在不自覺中造成的，特別是愛得深，寵得周到，幾乎無法覺察它的危害。時日既久，孩子年紀漸長，惡習已然養成，悔恨為時已晚，不可不謹慎。

10

及時的管教

父母缺乏用心會讓失教的孩子走向歧途

常有人問道：「孩子不乖怎麼辦？」詢問的父母親，都想從專家口中得到有效的處方，期望藥到病除。事實上，不乖是很長時間養成的習慣，而且影響的因素不盡相同，但共同之點是未能及時管教。

有一個週末，我搭飛機到高雄做一場演講，那天旅客多，全機客滿。飛機起飛不久，坐在我前排斜對角的孩子，年約四歲，開始不安於位。父母親就坐在他的兩側，不過兩個人都很冷漠，不理會孩子，不聽孩子說話，完全無視於孩子心情浮躁。

孩子越來越躁動，開始站起來玩座位上方的照明燈，並干擾機上其他的乘客。空服員很客氣地過來安撫孩子，要他坐下來，但他的雙親仍漠然不作聲，縱容孩子把冷氣孔當玩具玩。孩子就一路騷動，空服員一路安撫，父母親偶爾把他抱下來，嚇唬幾句，然後又是冷漠地癱坐在那兒。

「那孩子是不是過動兒？」同行的朋友碰碰我的手臂說。

「不是，過動兒不是這樣。」我以專業的口吻為他解釋著。

「那麼，孩子怎麼會那麼難管教，那麼不聽話？」

「因為他的父母親冷漠，不理會他，孩子無聊就會東摸西扯，靜不下來。長期缺乏與父母交談，生活規範一片空白，即使空服員安撫也沒有效果。」

「那不就像野孩子了嗎？」

「是的，我稱這種現象為失教的孩子。他們的父母懶得理會孩子，養而不教，沒有愛、同理和交談。父母的冷漠，使孩子缺乏交談的對象，在語言、智力、情緒上的發展均受限制。這個孩子所缺乏的就是這些，所以我稱它為失教。父母親如果不及時改弦易轍，好好請教專家，把孩子帶起來，不但不聽話的傾向會越來越強，偏差行為和犯罪的傾向亦越見明顯。」

我在高雄做了一場教育性演講，打算在回程的飛機上睡一覺，所以特別指定靠窗的位子。上機時，我的位子上坐著一位八、九歲的男童。我正想要回我屬意的位子，一位年輕的媽媽很客氣地請求我同意和男童換座位：「孩子很喜歡看飛機，尤其愛看起降時機翼的變化，你方不方便跟他換個位子，讓他看個高興？」

我看男童的眼神似乎正在央求我，而且也被他的好奇感動，便毅然答應了他。男童雀躍著，泛起童稚的笑容，從口中擠出羞怯的「謝謝！」

飛機在跑道上滑行，繼而起飛，我閉目養神，卻聽到母子一路在輕聲交談。在淺夢中，我聽到男童的驚奇和讚美，看到他亮亮的眸子和專注的眼神，並綻放著科學、思考和專注的火花。我也看到一位用心的媽媽，正在懷抱孕育成功的新一代。

來去高雄的空中之旅，也許是高飛俯瞰的緣故，我看到孩子的天堂，那兒有著父母的光和熱，也看到孩子的地牢，那兒是冷漠和無知。

11 播下成功的種子

事前的鼓勵與成事的讚賞是學習的動力

我們若希望孩子有個成功的未來，那麼現在就應該為他播下成功的種子。就心理學的觀點來看，與其說成功是努力奮鬥的結果，還不如說它是一種健全的心理特質。這些特質是良好的信心、主動、好奇、情緒穩定和合作的態度。如果能從小就培養這些特質，孩子長大必是一個成功的人。

這些習慣不是用口頭說明、叮嚀或訓誡所能培養的，而是從日常生活經驗中，慢慢養成，漸漸形成習慣，最後結合成一種從容、能勝任自己的職責、看起來開心、讓人能產生信任感的氣質。我覺得要培養這些特質，要從適當的鼓勵和引導入手。

父母親要懂得鼓勵孩子，早在嬰兒對自己微笑時，就該以溫馨的笑容報以鼓勵。乃至兒童或青少年時期，無論嘗試做什麼，都要事前鼓勵他「我知道你辦得到。」辦到了就要說「你果然做到了！」鼓勵孩子的優點，欣賞他的能耐。無論是唱遊、智能活動、家事、接待客人，父母要先做示範，在平常生活中預做講解。時候一到，孩子就能表現出正確的行為，這時水到渠成的鼓勵和欣慰，可不能吝於表達。

鼓勵探索和思考，能發展負責的行動和解決問題的能力。最近，我跟朋友一家人到陽明山的大油坑景點遊玩，他們的十歲孫女，由於初次見面，顯得有些怕生。我一路上跟她閒聊，說她能幹，對周邊的觀察很敏銳，很有科學家的精神。後來，她樂意跟我走在一起，顯得愉快，談論的也更多，我便提議她沿著山路觀察岩石的變化。一路走上去，蒐集了許多形狀、顏色不同的小石頭。

我們到了山頂，先是欣賞山光幽谷，吃了野餐點心，大夥兒便坐著休息。我建議她：「把石頭一個個依登山路線的順序排列看看。」她小心翼翼地排列起來，仔細觀察，回過頭來告訴我：「越靠近山頂的石頭顏色越淺，越靠山谷的石頭顏色越深！」

我又問：「為什麼？」她想了想，摸一摸那些石頭，然後興奮地告訴我：「啊！越靠近火山口的地方顏色越淺，是不是溫度越高的緣故？」

於是引起大家的熱烈討論，爺爺、奶奶、父母和哥哥都加入討論，也稱讚她的觀察和歸類能力。她興奮的神情溢於言表。要離開前，我們還為石頭照了相，她一再觸摸觀察，依依不捨的離開。她向大家宣布：「我要把今天的發現和討論，帶回學校跟同學分享。」她的目光正閃爍著好奇與滿足。

孩子可以在一次郊遊活動中，得到鼓勵，學會蒐集、歸類和解讀；她真的嘗試到好奇、觀察與思考。我心裡想著：她的心田已播下成功思考的種子。

12

重視道德陶冶

透過實際生活經驗建立道德規範

孩子需要建立一套道德價值和生活準則，用以判斷是非善惡，諸如誠實、友愛、負責、正義、信仰和對生命的珍愛等等。他們也需要具體易懂的基本生活規範，做為發展自律的基礎。這些作息、待人、學習、工作和娛樂的好習慣，若在童年之前沒有形成章法，未來他的人際關係、情緒和自尊的發展，將受到阻礙。

美國雷根總統時代的教育部長班奈德，在他卸任之後編寫了一本《美德書》（圓神出版），強調道德教育的重要。他說：「對於孩童的生命最具影響力、最具決定性的，莫過於沉默的生活規範，所發揮的道德力量。……除了規範、習慣和範例之外，還需要道德的認識能力。」於是他用故事、詩、散文等作品，幫助孩子認識道德。當然，他更重視身教的示範，因為兒童必須親眼看見大人以嚴肅的態度實踐道德。

我從事心理輔導工作二十幾年來，大致獲得一項結論：道德的能力是一個人心理健康的重要資源，也是生活幸福的動力。因此，父母親應該重視孩子的道德教育。

道德教育很容易被誤解為嚴格遵守準則規條，而造成良心的責備、內疚、刻板和聽命於權威；也易被錯解為要求孩子十全十美，跟自己的想法一模一樣。前者造成心智的扭曲和心理的不健康；後者則易生反抗，導致道德教育的失敗。

我認為道德教育是透過生活經驗、習慣和認知建立起來的高級心智力量。它有三個必須把握的要領：

1. 在實際生活中發現或建立規範。
2. 身體力行，父母師長要以身作則。
3. 孩子表現出來的善行，要予以肯定、欣賞或獎勵。

拿著道德準則嚴格要求孩子遵守，往往事倍功半，最好的辦法是藉孩子能領會的經驗，辨識善惡是非。以下幾種方式，對孩子道德能力的發展，具有良好的效果：

1. 在生活經驗中判斷是非善惡，建立規範，付諸力行。
2. 說故事、讀傳記、念詩和散文，並透過交談分享感受，從而發展道德認知。
3. 透過家族聚會、社區活動和學校經驗，學習待人接物的正確態度與規範。
4. 從高級宗教信仰中，領會生命的意義與價值。

孩子們張著眼睛在看，豎起耳朵在聽，大人怎麼做，孩子怎麼學。父母自私，待人冷漠，孩子學會的就是短視和淺薄；父母一味求好，嚴格管教，經常諷刺、批評和責罵，孩子沒有學會道德規範，卻學會憤怒和敵意。

道德教育是孩子人生的根基，是立身處世的守護神。道德能力好的孩子，就能開展健康的身心和幸福的生活。

第四篇 增進心理健康

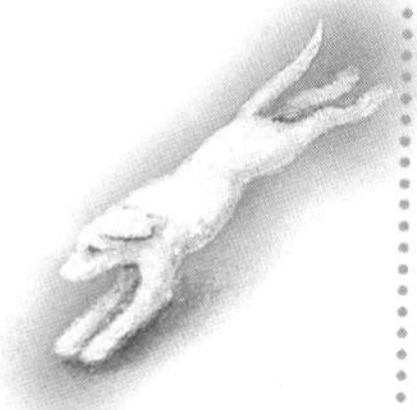

生活在高度競爭、快速變遷的時代，每個人都會感受到緊張和壓力；一個心理不健康的人，顯然會有適應上的困難。因此，孩子們的心理健康和情緒問題，已是先進國家重視的教育課題。

根據世界衛生組織的推估，到了公元二〇二〇年，戕害人類最大的十大疾病之中，憂鬱症排行第二。從許多社會變遷的因素來判斷，心理健康將是未來醫療和教育上有待解決的重要問題。

情緒上的失衡，不但會影響正確的生活判斷，陷自己於痛苦，嚴重時還會破壞人基本生活與工作的功能。憂鬱症只是其中的一種，其他情緒失常和焦慮症等，都足以破壞個人的幸福，阻礙正常的生活機能。

健康的心理生活，也是一個人創意的來源。人類的創意點子，是在平靜悅樂時，才浮現出來的。一個常感焦慮或有憂鬱特質的人，他們的創意和潛能，往往會被壓抑下來。因此，心理健康又成為潛能發展的要件，你不得不為孩子的心理健康和情緒發展奠基。

心理健康的最大剋星是懼怕。你用威脅恐嚇的方式，強迫孩子用功或守秩序，將會付出心理不健康的代價，最普遍的現象是焦慮、不安和憂鬱。許多人在學時成績頂尖，拘泥於秩序和刻板的道德恐懼，但一出了社會，便顯得退縮，與人格格不入。他們陷入情緒上的障礙而不能自拔，一種焦慮性格不斷地纏縛著他，令他無法施展自己的抱負。

佛洛伊德（Sigmund Freud）曾說：「懼怕是心理世界的門。」人一旦養成懼怕和退卻的習性，不敢推開這扇門時，它就把人關閉在一個小小的空間，走不出去，無法放眼看世界。而那封閉的世界，將導致心胸狹窄，帶來更多的焦慮和懼怕。

父母要藉重孩子稟賦的興趣，主動和好奇的心理動力，引導其成長與學習，打開他的視野，讓自我功能越來越健全。這樣孩子的心靈才能漸漸自由起來，解決問題的能力也會越來越好。所以在教導孩子時父母要發揮創意，一方面預防孩子心理和情緒受到傷害，一方面要積極沃壯其自我功能。本篇所要討論的主題包括：

1. 要幫助孩子推開懼怕的窄門：懼怕會引發懼學症，延伸為焦慮和沮喪，父母親要認清它，並且協助孩子克服它。
2. 防範校園惡霸的傷害：注意預防於未然，謹慎處理，並輔導於已然。
3. 注意孩子鬧情緒和攻擊的行為：弄清楚鬧情緒的原因，做適當的輔導與回應。
4. 預防虛擬人格特質：增加現實生活的經驗，並輔導孩子看電視和上網路。

5.幫助孩子伸展自尊：提高孩子的自信，避免在說話中貶損孩子或使其產生挫折感。

教育孩子首重維護自尊，自尊不受傷害，心理健康就有了保證。身為父母或師長，都應該重視這個課題，因為它是個人幸福的基礎，也是發展亮麗人生的憑藉。

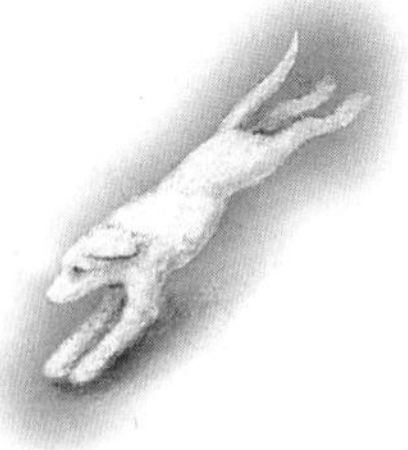
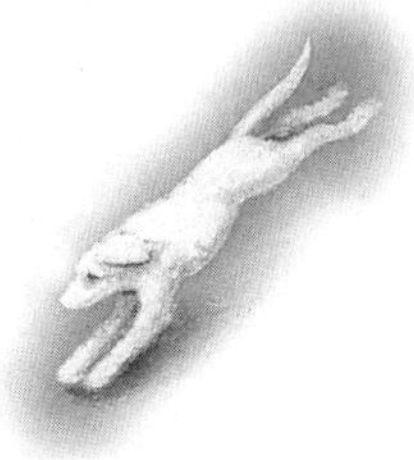

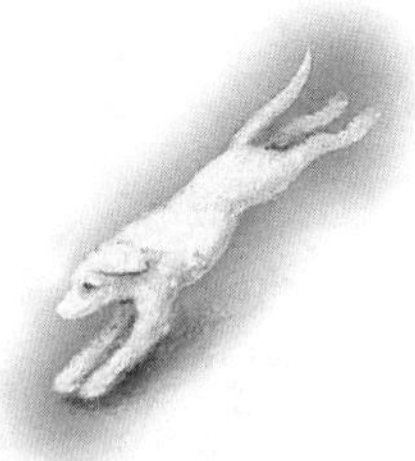

1 推開懼怕的窄門

父親的愛、支持與陪伴是心靈良藥

懼怕是影響孩子情緒發展的重要關鍵。它使孩子提高防衛性，產生敵意，失去主動嘗試和負責的應有承擔。許多心理疾病皆根植於懼怕，潛能發展受到抑制亦導因於懼怕。

所以佛洛伊德說：「懼怕是心理世界之門。」人一旦養成懼怕和退卻，推不開這扇懼怕之門，就不能跨步出去，接觸那寬闊活潑的生活世界。那時，就會把人局限在封閉的世界裡，成為心胸狹窄或者病態的人。

孩子的不安全感，也是一種懼怕，特別是家庭變故、父母親不負責任，對孩子構成更多的心理威脅。其創傷造成孩子自暴自棄，助長敵意和暴力。孩子的生活態度，更因為缺乏安全感這種有力的愛，而變得無助、沮喪和偏離常態。

有一次，我在演講會上，提供許多協助兒童克服懼怕的方法，並一一舉例說明，引起聽眾高度迴響。會後，還有幾位聽眾問道：「父親不盡責，所造成的不安全感，對孩子的影響究竟有多大？」我解釋道：

「就我的經驗和觀察，那些缺乏父親照料的孩子，如果母親或家人不能提供安全的愛，孩子較易自暴自棄，鬧事不讀書，沉淪於玩樂遊蕩而不能自拔，甚至犯罪。」

「怎樣才能補救呢？」

「我接過許多這類個案，發現他們所需要的不是專業輔導，而是一個關心他們、了解他們，肯花時間陪他們的父親；他們需要的也不是心理醫生，而是一個他信任和尊敬的男人。因此，要喚醒那些不盡責的父親，把他們從麻將桌上請回家，從燈紅酒綠中請回家，從超工時的工廠和辦公室裡請回家。要他們盡一份應盡的天職，做一件非做不可的良心事，因為孩子需要他的愛、陪伴和支持。否則，他將會在自己的人生中留下『失職的父親』的罪惡！」

「如果找不回來呢？或者他沒有父親呢？」

「找一個能代替失職（或缺席）父親的人，也許是老師，是一位愛心的義工或輔導員，給他關懷、支持和安全感。」

父母親的愛，對孩子一樣重要。不過，盡責的父親能給孩子安全感和自尊，能使孩子自愛和自重。我相信，若每一位父親都能盡責，必能使加入幫派的孩子減少，使青少年的犯罪率下降。

2

提防孩子懼學

培養主動性、建立信心和自尊是根本之道

懼怕是學來的。比如孩子怕地震，除了地震本身的搖晃和可怕的噪音會帶來恐懼之外，大部分是大人驚恐的尖叫、慌張失措的表情，給孩子帶來強烈的懼怕。

懼學症也是從日常生活中學來的。父母親越是擔憂孩子成績不夠好，處處替他著急擔憂，孩子患懼學症的可能性就會提高。

懼學是一種害怕上學的情緒，困擾著孩子，漸漸發展成身體的症狀，例如頭疼、嘔吐、腹瀉或肚子痛。如果孩子經常在上學前出現這些症狀，就值得注意了。

懼學症的孩子成績都不差，因此問題不是出在學習本身，而是對學習的懼怕和缺

乏信心。他們懼怕上學的主要原因是：

1. 父母對孩子過度保護和溺愛，同時又擔心孩子成績不如人。孩子在自尊不健康和父母的高度期許下，造成學習的卻步。

2. 孩子的人際關係出了問題，受同學排擠、攻擊和嘲笑，產生孤獨感，引發對上學的懼怕。

3. 得不到教師的關心，擔心教師指責和羞辱，或怕失去老師的愛，因而形成壓力，懼怕上學。

4. 沒有發展出好奇、主動學習和自信，遭遇到挫折時不敢面對問題，而採取焦慮性逃避行為。

懼學症的孩子有一個共同的現象，那就是肯定性較差。所謂肯定性是指勇於表達自己的需要和意見，並尋求獲得滿足和支持的習慣。肯定性差的孩子在成長過程中，早已養成逃避的習慣，甚至用放棄來爭取同情。而孩子自尊的不健康，是在家庭生活中漸漸養成的。

因此，要培養孩子的主動性，建立其信心，從而發展其健康的自尊，是預防懼學症的根本辦法，同時也是培養孩子樂觀進取的根本之道。我的建議是：

1. 給孩子主動嘗試的機會，多帶孩子參與各項活動；重在參與的樂趣，少在得失上用心。
2. 先教他本領，再讓他嘗試，繼之給予欣賞和稱讚。
3. 多和孩子談話（特別是聽他說話），支持他表達意見、說出自己的需要，並予以適當合理的尊重。
4. 分享孩子學習的樂趣，少憂心成績的高低；多欣賞孩子的優點，少指責貶抑其失誤。

懼學的現象並非專指罹患轉化為生理症狀的孩子，而是對求知和理性面對現實有困難的孩子，都屬於懼學的範圍。懼學的態度一旦養成，即使沒有發病，亦會是孩子一生的內在殘廢，因為他的心智發展將受到壓抑。

3 防範無奈的沮喪

從協助人際關係和培養基本生活能力著手

孩子的基本生活能力，從穿衣、吃飯、做家事到待人接物的態度，務必要在父母的身教中潛移默化，養成章法。

父母親留意孩子生活能力的培養，則其智能發展較好，適應能力較強，學習和成長的道路自然順遂許多。孩子的每一個行動、思考和反應，在神經系統裡留下習慣，其未來的學習和成長，就靠這些基礎能力；習慣好，學習能力自然強。

一位愁容滿面的媽媽，帶著她就讀國一的孩子來晤談。孩子上國中之後變得脾氣暴躁，功課一落千丈，生活作息不正常，回家就獨自嘆氣、搥桌子。單獨和孩子晤談後，發現他的壓力來源不在功課，而是人際關係和自我價值的解體。當我問道：

「你有知心的朋友嗎？」

「沒有。老實說，我根本就沒什麼朋友。我很少參與同學們的活動，也很少和他們講話。他們是他們，我是我。」

「為什麼不表達自己的意見？或者加入同學的活動？」

「他們不喜歡我，說我笨，我也覺得自己真的很笨，所以索性不理會他們。」

「你覺得同學看不起你？」

「我什麼都不好，也不想參與他們的活動，被嘲笑。可是，我很孤單，很心煩。回到家後，如果父母問我發生了什麼事，我會大發脾氣，摔東西，要不然就乾脆看電視，看一整晚。」

孩子適應上的困難，正是「無力感的沮喪」。在這個個案裡，我發現：

1. 父母親很少帶孩子參與朋友、家族和學校的活動，因此孩子對於人際相處未能得到應有的發展，以致交友困難。

2. 孩子不做家事、不喜歡運動，身體動覺反應較差，一般待人接物反應不得要領，所以受到歧視或排擠，以致缺乏與人交往的信心。

3. 這些原因影響孩子的人際關係，進而貶損自我價值，這是焦慮和孤獨感的來源，同時也造成不能專心學習，成績一直滑落的現象。

4. 孩子在孤獨和焦慮中生活，經常反應出幼童的行為；時而需要媽媽的擁抱和撫愛，時而沮喪或發脾氣。

本個案要從協助孩子的人際關係和基本生活能力著手。這不是幾個月或幾星期就能做得好的，而是要相當長時間的學習，其間要克服諸多困難。

近似的個案屢見不鮮。因此，父母親務必要在孩子童年階段，多帶著他做家事，多陪他參與活動，乃至家人一起郊遊、參觀、讀書和討論。

孩子的基礎打在家裡，發展的機會則在學校和社會；學習的活力從豐富的家庭生活中孕育，而學校教育和社會生活則給予馳騁發揮的空間。

父母關愛子女，要從家庭生活開始。若一味縱容，則生活沒有章法，容易造成孩子「無奈的沮喪」；退卻、自暴自棄、偏差行為的孩子，就是這樣產生的，為人父母者不可不慎。

4

重視校園惡霸事件

家長和老師必須做孩子的支持和依靠

校園裡頑劣成性的孩子，有逐漸增加的趨勢。最近，有許多機會和國民中小學的老師或家長座談，都會談起學校裡的小惡霸，他們欺侮人，向弱小的孩子勒索金錢，甚至無緣無故找同學的麻煩。

如果你的孩子或學生碰到校園惡霸找碴，就得警覺，要幫助孩子化解事端，撫平孩子受害或恐懼的心情。同時，要好好輔導校園惡霸，協助他走向正途。

我們必須認清，校園惡霸傷害孩子並不會一次作罷，而是經常加害，使出暴力、威脅和利誘，讓弱小的孩子陷入長期的痛苦和深受壓迫，導致心理創傷。研究報告指出，長期受害兒童容易出現：

1. 揮之不去的懼怕和焦慮，導致失去信心、沮喪和屈辱感。
2. 產生情緒困擾或心理問題。
3. 懼怕與人交往，在人際互動上產生困擾。
4. 受欺凌的孩子，急診入院的比例為一般人的三倍。
5. 原有的心理失調，在受害之後會呈現。
6. 幼時曾受到欺侮的母親，對孩子的耐性和反應較差，容易造成子女發展的遲緩，禍延下一代。

你的孩子如果受到小惡霸的欺負，一定要告訴老師，進行輔導，必要時要請教專家，並請學校輔導和訓導工作人員共同解決。也要讓小惡霸知道校規、法律和人權不容許侵犯的事實，透過輔導的專業和愛心，幫助他改正欺侮別人的錯誤行為。我們必須正視這個課題，因為校園惡霸往往是犯罪的警訊。研究指出：

1. 國中小學階段的惡霸中，百分之六十在二十四歲前，至少有一次犯罪紀錄；他們重複犯罪情形是一般人的四倍。
2. 校園惡霸往往不改本性，十八歲便已表現出違法、反社會的行為，成年後常成為賭徒和毒癮者，他們的子女也往往喜歡欺侮人。
3. 最富攻擊性的八歲小孩，往往在十九歲前，就留下犯罪紀錄，離開學校。

學校和家長務必要重視校園惡霸的侵犯事件，因為被欺負的孩子，往往是比較弱的孩子，他們不敢張揚，不敢說出來；如果說出來時得不到教師或大人的心理支持，會陷入更嚴重的恐懼和不安。因此，從預防到事後的輔導，學校和家長要密切配合，不可疏忽。

我們萬不能輕忽校園惡霸的暴力行為，不可認為那只是孩子們打打鬧鬧的嬉戲，而助長其頑劣行徑和攻擊性。否則，加害者與受害者將同蒙其害。對於這個問題，學校和家長都要認真處理，用輔導的專業來解決問題。

我希望學校、社區和父母能共同合作，重視這個課題，發現有任何暴力行為，都應予以制止和處理，因為它事關孩子的身心健康、人生幸福和社會治安。

5 避免受欺負的方法

積極介入、提供協助、教導應變、心理輔導

孩子受到校園惡霸欺負，教師和父母一定要挺身而出，為他解圍，支持他，並制止惡霸的侵犯行為，設法幫助孩子克服懼怕和壓力。

要鼓勵孩子把受欺負的事實說出來，而且大人不可以只聽聽或安慰就算了，積極介入是幫助孩子的必要態度。

研究觀察指出，一般受欺負的孩子身材較嬌小，或者過胖或過瘦，尤其是有特殊表情、遲鈍或學習有障礙者。受欺負的孩子一般的性格特質是：

1.內向、焦慮、敏感而顯得沉默或處處小心。
2.被欺負時會哭或退縮。
3.只敢暗自療傷，不敢挺身相向。
4.他們的自尊和自信較差。

如果有這些性格特質，再加上他有錢，被欺負時會用錢作為討好欺負者的因應手段，或者不敢張揚，而不斷受威脅，以致提供金錢給小惡霸花用，那麼受欺情況會持續下去，或者更加嚴重。

受害學生通常有家人過度保護、管得過嚴，或者在不健全的家庭中長大的傾向。因此，要幫助受欺負的孩子，必須同時從好幾個層面努力。分別說明如次：

1.了解孩子受欺負的真相。被痛毆、被勒索金錢、被恐嚇等等，並由大人出面制止，最好是教師和父母共同合作，涉及校外幫派時要請警察局協助。

2. 協助孩子面對恐懼。要安排、照顧孩子的安全，例如建立社區維護兒童安全網絡，協助建立孩子的人際關係和互助習慣。

3. 教導孩子危機應變，並一起實習演練。例如受到群毆時大聲叫「失火了」，拔腿就跑；或者見機行事，主動反擊，然後趁機逃跑；或者暫先委曲求全，再行解決。

4. 鼓勵孩子多運動，鍛鍊體能。健康好、體能強、精神飽滿的孩子，小惡霸不敢欺負他，即使一時受到欺負，其承受壓力的能力亦較強。

5. 受欺負的孩子需要心理輔導。父母親要有時間聆聽他的傾訴，並付出愛心和耐心，唯有愛能使孩子的創傷復原。

6. 父母不可因孩子受欺負而緊張焦慮過度，這會增加孩子的心理不安。保持鎮定，給予安慰，不要嘲笑孩子膽怯，而要積極地支持他，做他的後盾。

7. 提升家庭教育功能。培養孩子主動交朋友，鼓勵孩子發表意見，委託他做適合他做的工作，重視他的想法和言行，是培養孩子自尊的方法。

自尊健康的孩子，不容易受到欺負，即使受到欺負，稍加輔導，回復起來也比較快。最令人擔心的是，本來自尊、自信就差的孩子，經過受害的創痛後，會使他的心理更不健康，這時若不加以輔導，就會產生後遺症了。

6

克服受欺侮的窘境

練習勇敢大聲的說「不可以！」

孩子到學校上學，互相追逐嬉戲是自然的事，偶爾發生碰撞、吵架或肢體衝突也在所難免。對於這些事件，父母只要聽聽、了解和安慰，無須過度憂慮。不過孩子如果受傷，長期受騷擾，就得當心是否為惡意欺侮。

小明生長在單親家庭，經常被班上一位同學騷擾「沒有爸爸的孩子是怎麼生出來的」。他難過受創，不想去上學，覺得抬不起頭來。小華的遭遇不同，小惡霸經常對他惡作劇，用水彩塗他的手臂、在操場上故意絆倒他，或者對他污言穢語。

欺負弱小的行為是學校裡經常出現的案例。父母和教師必須警覺，因為它對孩子的傷害很大，有些孩子不敢上學或逃學，是因為受欺辱而造成的。這些孩子如果得不到支持、輔導和照顧，不僅功課一落千丈，心理的創傷更是嚴重。

當你的孩子受惡霸欺侮時，首先要告訴他，避免自己低聲飲泣，或者在欺侮他的孩子面前哭。指導他：

「受欺侮時不要哭，要保持冷靜，仍然抬頭挺胸，若無其事地看著他，他就不敢再嘲笑你。如果你哭了，他就得逞了，就會得寸進尺。」

「用堅毅的態度和眼神看著他，說『你不可以這樣！』『給我住手！』『你再這樣我就告發你！』」

一位媽媽說女兒經常被班上另一位同學欺侮，他摸她的身體，說些穢話，調侃她是胖娃娃。孩子總是忍氣吞聲，談起這件事就傷心落淚。最後母女研究出一個辦法：

「明天如果他還欺侮你，你就勇敢大聲的說：『放開手！不要用你那不規矩的手碰我！』」

他們在家裡練習好回應的態度和堅定的口吻，次日小惡霸果然又在班上欺侮她，孩子義正辭嚴的說出昨天晚上練習過的那一句話。結果小惡霸竟然縮手，在全班同學眼光注視下不發一語。孩子成功地禦侮一次，她不再被找麻煩，也知道怎麼回應別人的侵犯了。

父母親對於孩子受到欺侮，首先要了解清楚事實經過，偶然的碰撞和衝突，只需安慰和了解即可，但對於受欺則要注意：

1. 教他用堅定的語氣，義正辭嚴地說不可以，然後神情若定的走開。
2. 多交朋友，人際關係好的孩子不容易受欺，因為他有伙伴支持。
3. 請學校處理受欺事件，有大人插手，孩子就不敢得寸進尺。

最重要的是家長、教師和學校共同重視孩子受欺侮的問題。教師可以調查真相，找欺侮人的孩子來責問，警告他不改過自新的嚴重性，並設法安排孩子們和諧相處的氣氛。學校當然也要透過社區和家長的合作，共同創造「不容欺侮人的校園」。

7

鬧情緒怎麼辦？

把情緒轉化成一種解決問題的動力

孩子稍稍受到挫折就會鬧情緒，那正表示他對情緒的表達和控制能力，還沒有建立起來。孩子上了國小後，一般而言，鬧情緒的情況應該已經減少很多，但是如果你的孩子還經常鬧情緒，就該注意紓解它，並教導正確的情緒表達方式，尤其要注意的是負面情緒的表達。

孩子和大人一樣，都會有情緒，但若執拗於鬧情緒，而不能適當表達情緒，就會使情緒生活失調，造成更多困擾和適應上的困難。兒童鬧情緒，通常是在挫折或不順心時，直接的表現，最常見的有：

1.悶不吭聲的賭氣，躲在一邊不說話，等你來妥協。
2.任性地大吵大鬧，希望你遷就他。
3.攻擊行為，包括對人拳打腳踢和摔東西等行為；他想令你屈服。
4.情緒性的生理反應，例如身體感到不適，想博得你的同情。

對於這些情緒行為，你不能讓他得逞，更不可說穿他的情緒表達動機。父母要做的是讓他冷靜下來，再好好跟他談話，教他怎麼表達和控制情緒。

一個人不懂得正確表達情緒及控制激動情緒，是生命的一種殘缺，更是未來人際互動上的障礙，也是抑制潛能發展的因素。因此，當你面對孩子鬧情緒的反應時，請注意提醒他冷靜下來，把事情想清楚。例如孩子吵著要吃零食，你可以告訴他：

「孩子，你想做什麼？真正想要的是什麼？」

「我要吃餅乾。」

「聽我說，你這幾天消化不好，醫生交代不能吃零食，我是不會給你的。吵鬧並不能達到目的，對你沒什麼好處，想想看你能做點什麼？」你可以暗示他，是要喝點開水，或者念一段故事，或做點其他別的事。

「我可不可以喝點蜜水？」

「你可以喝一杯淡淡的蜜水；自己倒水，自己加蜂蜜。」

把情緒轉化成解決問題的動力，就不會形成壓抑的情結。這過程包含三個步驟：

1. 幫助孩子釐清自己要的是什麼？所處的情境或問題是什麼？並指出鬧情緒不能解決問題。
2. 想出解決問題的辦法。
3. 鼓勵他去執行。

使用這種紓解方法，就能避免孩子執著在情緒之中，繼續以鬧情緒的手段與大人較勁，同時也引導孩子不受情緒綁架，養成解決問題和跳脫負面情緒的好習慣。

8 處理攻擊行為

改變教導方式，導正生活環境的影響

學齡的孩子應該是活潑講理的。如果孩子變得侵略、攻擊或有暴力行為，人際關係就會被破壞，他會嚐到孤獨滋味，受到許多制止或懲罰，接著滋長心中的恨意，強化與人敵對的態度，這容易使孩子變得更壞。

為人父母者必須了解孩子變得敵意和攻擊行為的原因，避免這些因子改變你天真可愛的孩子。根據丹・歐威斯（Dan Olweus）的研究，這些攻擊性強的孩子，主要形成的原因為：

1. 幼年缺乏溫暖和照顧。

2. 父母和家人縱容他，對於同儕、手足及長輩的不禮貌和侵犯行為，沒有受到及時制止或約束。

3. 家長脾氣火爆，動不動就體罰、凌辱。

4. 孩子天生十分好動、性急，脾氣反覆無常。

從校園攻擊行為的觀察中發現，嚴重攻擊行為的孩子，並非先天具有壞脾氣；大部分的校園惡霸行徑，是從後天學習得來的。於是，父母親不可不注意孩子的教導方式，以及生活環境對孩子的影響。

最近，我和中小學教師討論校園的惡霸行為，問題出在同儕的互相學習。孩子一旦與有攻擊行為的同儕在一起，其偏差行為發展得很快，其特質是：

1. 參與同儕的攻擊行為，可以提高自己在同儕中的聲望，讓這個次級團體接納他。

2. 欺負別人如果沒有受罰，父母親又替他開罪，孩子就有恃無恐，變本加厲，強化他的非行特質。

3. 聚眾行惡，大夥兒一起來，一則助長氣焰，一則分散罪惡感和責任，造成更嚴重的集體惡行。

4. 同儕中的老大建立了威望，形成具有威脅性的氣氛，連受害的孩子都不敢吭聲張揚。

孩子要學壞是漸進的，不是突然發生的。孩子攻擊和欺負別人的行為，幾乎在國小階段已經種下因子，而且大部分是來自家庭的因素。所以，家庭教育必須特別予以重視。我建議父母要注重兒童的生活教育：

1. 訂定合理的規範。

2. 堅守原則，但不可動粗而對孩子施以恐嚇和攻擊。

3. 提醒孩子動粗不是有氣概的人。

4. 在溫暖和照顧中發展正確的社會規範和價值觀念。

5. 透過遊戲、故事和角色扮演，培養明辨是非和正確的行為態度。

6. 欣賞和鼓勵孩子的正確行為，以建立其健康的自尊。

國小階段的孩子，只要你用愛心來教導，很容易建立遵守生活規範的習慣，就不致造成破壞人際和諧的攻擊行為。這就等於賜給孩子一輩子用不完的人生資源。

9

防範虛擬人格特質

引導孩子參與現實生活，指導如何正確運用資訊

由於社會的變遷，孩子的生長環境有別於過去；或許是生活富裕，或許是經濟生活型態改變，孩子們缺乏謀生的經驗，以致與現實生活脫節。許多孩子有了不負責任的傾向。

另一方面，這一代的兒童和青少年，是在電視、電影和電腦網路中長大的，他們吸收了許多似是而非的資訊、零碎片段而不切合現實的觀念，卻以為它們是真實的世界。尤其是在網路上以虛擬的角色與他人交談，而代替人際互動與支持的孩子，更會造成群體生活的疏離。

在這些媒體和網路中長大的孩子，往往發展成虛擬的自我概念，缺乏人際互動的孤僻，甚至造成行為的偏差，或者對現實生活適應的困難。這種孩子具有虛擬的人格特質。

這樣的兒童和青少年，有逐漸增多的現象。他們自認為聰明，但卻很容易挫敗沮喪，或者鋌而走險，步上非行少年之路。這種人格特質是：

1. 他們不能接受生活現實，不服管教，缺乏耐性。
2. 眼高手低，容易失敗。
3. 人際關係不好，情緒暴躁，與人衝突的機會增加；但也有可能發展成孤僻或沮喪。
4. 認同不完整，自尊健康狀況差，容易發生偏差行為。

這類孩子與現實生活疏離，不切實際的態度與想法，阻礙了他們的人際關係，從而造成挫折和沮喪，甚至影響學習成績，帶來困擾。最通常的反應是，每天把時間花在電視、網路交談和漫畫上。

為避免孩子產生虛擬人格特質，建議從國小階段就要及早防範，在教育子女時應注意：

1. 引導孩子多做家事，參加有益身心發展的群體活動。
2. 多跟孩子說話，協助、參與孩子的學習。
3. 多肯定孩子的優點，欣賞其良好表現。
4. 多讀故事，少看電視，並指導他們正確的使用網路。
5. 帶孩子一起當義工，服務學校、社區或慈善團體。

許多家庭對兒童採取放任的態度，以為這樣可以減少孩子的心理壓力。孩子想做什麼，就讓他做什麼，大人也樂得清閒。尤其連家事都不做的父母，更容易造就缺乏現實生活經驗的孩子。

父母應多關心孩子現實生活的能力，指導孩子如何分析、整理和運用資訊，而不是讓孩子泡在虛擬的世界裡，造成適應上的困難。

10

幫助伸展自尊

發掘值得稱許之處並建設性地指正不足

幫助孩子獲得成功的經驗，是建立其信心和自尊的不二法門。在日常生活中，父母親若能預先指導孩子解決問題的技巧，當他完成預期的事項，再及時給他適當的誇獎，信心和自尊就能得到伸展。

漸漸地，孩子體驗到自己具備某些能力，因而覺得開心。對孩子而言，他知道自己擁有符合其年齡的能力，就會產生滿足感。這種感覺和情緒，是他生命中最珍貴的心靈素材，同時也是健康人格的核心。

一位家長告訴我，他的孩子寫了一篇日記，字跡相當潦草，因為當時就寢的時間已到，沒來得及叫他重寫，只訓誡他說：「像你這樣不認真，態度一旦養成，肯定會有苦頭受。看看老師會不會教訓你。」

隔了一天，日記簿發回來，老師卻在作業簿上批著：「這篇文章寫得很有感情，很動人，是一篇好文章。請繼續保持努力。」班級家長會時，他就這件事請教老師。老師找出孩子的日記簿，攤給父母親看，並解釋說：

「我誇獎的是感人的內容，你不覺得這篇文章很生動嗎？這是我誇獎他的原因。我要他繼續保持努力，就是希望他能寫得工整一些。」老師連翻了以後幾篇文章，指給父母看：「你看！這幾篇是不是寫得工整許多。」老師笑了笑，很自信地繼續說：「誇獎具有神奇效果，批評容易造成打擊。」

這樣的教導觀念很正確。不過，我要補充解釋：誇獎固然能給孩子帶來學習的信心和興趣，但要注意的是不能無故稱讚，或者灌迷湯式的誇獎，那樣做對孩子絕無好處。比如說，孩子的鋼琴彈得並不好，你硬誇獎他有音樂家的氣勢；文章刻板，文意不清，卻說他有作家的筆觸，這會使孩子覺得你言不由衷，而失去意義，甚至造成反效果。

誇獎要真實，針對值得你讚美的部分稱許；批評不能貶抑或嚴苛，只能做建設性的指正。孩子所寫的功課、所做的任何一件事，只要你分成幾個部分去看，必然有值得你稱讚之處，也有該叮嚀指正的地方。要不吝於對優點加以讚美，至於有待加強改正的部分，則要適當巧妙的點出來。

請注意！過度使用讚美，會使人不敢冒險嘗試，因為怕得不到別人的讚許；頻頻的誇獎，則會使你對特殊表現的讚美，顯得並不重要。誇獎孩子真是一門學問哪！

11 親子溝通的禁忌

貶抑、冷漠、過度誇獎及威嚇只會破壞關係

父母親每天都對孩子說話，孩子聽你說的，看你的表情，把你當榜樣學習。如果大人的用詞粗魯無禮，心情浮躁而任意批評，強詞奪理而缺乏理性思考，這對孩子的心智成長，必然有負面影響。

父母若能心平氣和的說話，實事求是的表達，從語言交流和涓涓身教中，孩子自然學會溝通、有禮貌地表示意見。父母親說話的內容，能傳輸正確的知識、思考歷程和判斷。因此，父母親要多閱讀一般科學知識，具備豐富的生活常識，懂得與孩子一起觀察、討論、描述和分享結果。能如此，則日常生活經驗，觸目所及，待人接物，

都會成為學習的好題材。我相信這種學習最活潑、最具啟發性，能為孩子奠定良好的心智發展基礎。

父母與孩子說話必須有技巧，能引發孩子樂意與你談話，有興致一起追根究柢，才有機會持續幫助他成長。依我的觀察，許多孩子不喜歡與父母說話，或是只做簡單的對話溝通即告中斷，其主要原因是父母有以下行為：

第一，氣急敗壞貶斥孩子。稍有閃失或成績表現欠佳，父母就拉高分貝：「你這白痴，說一百次還是老樣子，我看你這輩子完蛋了！」或者「你這大懶蟲，沒有出息啦！我看得出來！」這是在轟炸孩子的信心，貶抑他的自尊，令他抬不起頭來，並逃避跟你說話。孩子長大之後，也會用貶抑的態度對人說話。

第二，冷漠的澆冷水。孩子主動想幫你一點忙，也許能力上還未及做得好，你應該協助他，讓他有嘗試的機會才對。但你卻說：「你？有幾分本事我清楚得很，省省吧！」「這你不會，到一邊去！別壞了我的工作。」有時孩子會興高采烈的說些在學校得意的事，不免也有誇張的地方，父母親就說：「嗯！你吹牛。」其實，孩子偶有言過其實之處，只要保持客觀冷靜，他會有一套自我檢審改正的系統，無須冷漠的澆冷水，破壞其全部興致。

第三，灌迷湯。孩子幫你做家事，只要表示他做得好，欣賞他做得整潔，就是對他最好的鼓勵和恭維。但父母卻說：「你真伶俐，真聰明，你是最能幹的孩子！」讚美孩子必須真實，否則連孩子都不相信。「你像愛迪生一樣是天才！」或「你美得像明星！」這些話連孩子都知道是虛情假意。

第四，恐嚇孩子。「如果你不把玩具收好，我就揍你！」或者在許多人面前對孩子威嚇：「你討打是不是，亂來！」這種說話態度，無異毀壞親子溝通的通路。你應該說明清楚，堅持你的原則，但不可採取恐嚇策略。

以上這幾種說話方式，不但是不良的示範和身教，而且是阻礙親子溝通，破壞親密互動的元凶。這四項禁忌，一定要避免觸犯。

12

孩子會學到什麼

不是言說的內容，而是行為態度

孩子從父母的言行舉止中，所學到的東西，往往令人意想不到。比如帶孩子去購物，你出手大方地為他買玩具，而未考慮花錢的順序，孩子很容易從你的行為中，學會揮霍的態度。

我仔細觀察過不少家庭，發現孩子們的消極態度和情緒，也是從父母親那兒學來的。天下沒有父母親願意教孩子錯誤的行為，但在親子互動中，孩子們卻意外地拷貝了某些負面的片段，而影響其一生。我常聽到父母親對孩子說：

「不好好讀書，將來只好去當工人。」

「看你的數學成績考得那麼爛，你完蛋了！」

「你這副模樣，誰會喜歡你！」

這些話不但容易引起孩子們的反感，尤其是青少年，更容易動怒和起衝突。一般人對於這類親子溝通，只留意到它的衝突性，甚少留意到它的消極性所引發的嚴重後果。

當父母對孩子說「不好好讀書，將來只好去當工人」時，它意涵著「工人」是不好的。孩子一旦吸收這個觀念，問題就嚴重了——他本來書就讀不來，去學一技之長當「工人」又被認為不好，那麼孩子要往哪條路走呢？他無路可走。因此不少青少年在學業上表現不好時，繼之則鋌而走險。

其次，再想想數學成績不好，真的就「完蛋」了嗎？數學只是諸多學科之一，一科考壞就推論出前途完蛋，這種思考模式，往往使孩子的腦筋當機。孩子從這類言談中學到的錯誤觀念是：只要有一樣缺失或挫敗，就是全部的失敗。我發現青少年為失戀而走絕路，為成績不如理想而自我傷害或放棄，都可以從這類訓斥中找到線索。

某一學科成績不好，還有別的科目可以發揮，從中找到自尊和前途；孩子的「模樣」也許不好，但他的個性好，心地善良，肯幫助別人，擅長處理家事，有偌多的優點，何必因為模樣長得不好而否定他呢？

父母的眼光如果常常著眼於孩子的缺點，而忽略欣賞孩子的優點，親子間的談話就會限於糾正錯誤，以偏概全，為孩子的未來憂慮。這些互動內容，除了容易招致衝突，破壞親子感情之外，更會教給孩子消極的思想和態度。孩子的自我觀念，是從父母和師長對他的態度或評價中，慢慢凝聚形成的。如果父母愛之深，責之切，不斷指正缺點，改正錯誤，而疏於欣賞和讚美他的優點，孩子會從你的教育方式中學到「我是不好的」或「我是不聰明的」自我評價，從而產生自卑和自尊不健康的現象。

孩子的學習是全方位的，你教給他一件事，他會從智、情、意各方面去領會和學習。因此，建議父母在跟孩子相處或交談時，要先提醒自己，孩子會從中學到什麼。

第五篇 啓發主動的學習態度

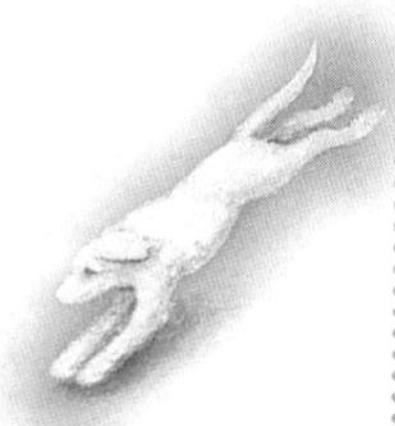

資訊化時代高科技的發展日新月異，經濟生活及產製方式快速變遷，知識的半衰期縮短，你所學會的謀生知能如果沒有更新和補充，很快就會失去效用，在職場上遭到淘汰的命運。

所以在兒童教育上，必須重視主動學習態度的養成，學習如何學習的能力，熟悉科學思考的方法，讓孩子在未來的人生階段，有能力不斷學習新知能和謀生本領。現代的教育不該是以學歷文憑為導向，而是如何在各個階段教育中，紮實地主動學習和研究。

現在有許多父母親還苦苦地追求孩子的考試分數，把焦點放在被動的補習，而疏於重視主動學習的引導，無暇啓發孩子的好奇心和研究能力。孩子們一旦養成被動吸收知識的習慣，就會失去主動求知的興趣、好奇心和敏銳的觀察力，他們適應變遷的能力，也會大大的萎縮。

主動學習和思考的習慣，應及早培養。它不是用強迫的方式填鴨，而是培養學習的興趣，並透過好奇與嘗試，把科學的態度建構起來。唯有透過這樣的教導過程，孩子才學會如何學習的能力。

心理學家把學習解決問題的能力稱為智力，要培養孩子主動學習，就得同時啓發智力的發展。一般人以為智力是天生注定的，事實上，孩子的智力是在學習中不斷成長的。研究指出，孩子到了四歲時，智力發展已達成熟期的一半，而且四歲以前成長曲線的仰角，決定其未來持續發展的仰角。因此，孩子早期的智力啓發是很重要的。

主動學習的態度能促進孩子心智的發展，並累積豐富的經驗和能力，與智力相融合，而開展種種創造活動。本篇提出幾個培養這種心智成長動力的重點：

1. 引導孩子的好奇心和主動性：父母如果怕孩子犯錯，壓抑其試探的行為，主動的學習欲望便會逐漸消失。

2. 孩子的自尊和信心越強，主動嘗試的勇氣越佳：因此可透過欣賞、鼓勵等技巧，激發孩子自動自發的行為。

3. 觀察與探究是培養科學態度的開始：陪孩子一起探索、觀察、思考和歸納，能開展其潛能和創意。

4. 允許孩子嘗試：協助他獲致成功，是激勵自動自發的捷徑。

5. 養成專注的能力：克服分心的惡習，是促進學習效率的要件。

6. 指導有效學習的方法：培養閱讀習慣，以提高學習和類化的能力。

孩子的主動學習態度，與父母的學習態度息息相關。父母親不重視學習

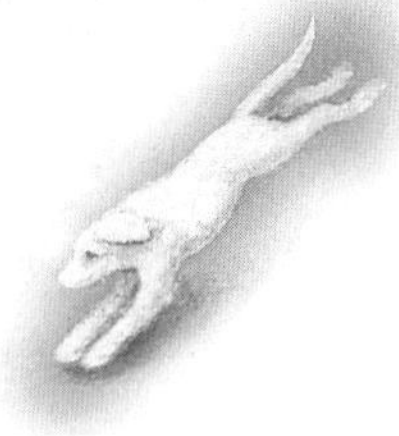

新知，孩子在學習上容易造成麻痺化經驗。試想，一個回到家裡只顧著看電視和打麻將，未曾在自己工作的知能上，增添一些新的成分，這樣的父母會教出主動學習的孩子嗎？

再忙碌的父母也要重視孩子主動學習能力的培養，這是孩子未來生存的憑藉，是活在這個時代必須具備的能力。現在不培養它，孩子在未來的人生路上，會走得艱困和窘迫。

你想教孩子主動學習嗎？本篇提供你一些創意，幫助你教出具有發展潛力的孩子。

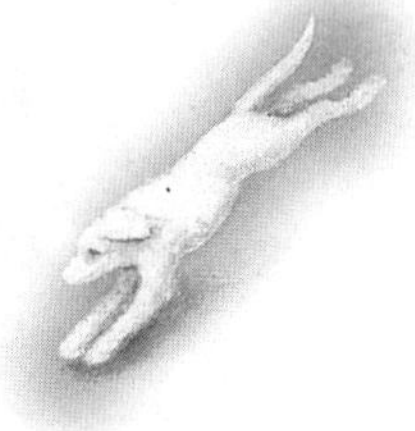

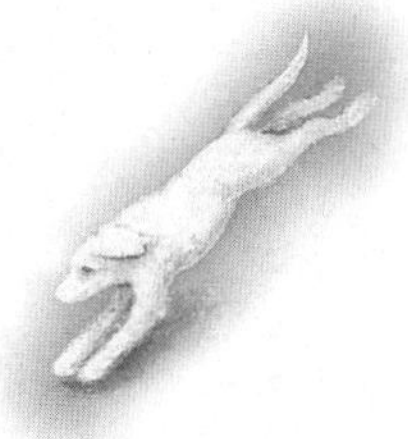

1 孩子的智力發展

錯過嬰幼兒黃金時期不免遺憾

一般人以為兒童的智力是天生的，事實上已經有很多研究證明，兒童早期的智力發展，決定其未來心智成長。雖然智力的內涵，已從一般智力的觀念，走向多元智慧的觀念，但長期以來，心理學家們卻一致認為：孩子的智力越早得到啟發，其未來的發展也越好。

心理學家布魯姆（Benjamin Bloom）研究智力發展的曲線，認為孩子四歲時，即已達到將來成熟期智力的一半。因此，嬰幼兒期成長度，可以決定未來成長曲線的仰角。孩子出生後四年內智力的成長，與以後十三年的成長幅度大致相等；兒童六歲入學時，已經達到他十七歲時智力的三分之二。所以前面的幾年，對兒童智力的發展，具有關鍵性的影響。

由前述的研究可知學前教育是很重要的。從嬰兒期開始，父母若能充實環境，提供景物觀察、辨別聲音及手腳試探活動，則有益於兒童心智的發展。到了幼兒期，安排豐富遊戲、歌唱、觀察、活動和交談等等，則孩子的智力發展會明顯進步。

一位父親告訴我，他花了很多時間，創造玩具和活動，跟第一個孩子說話、遊玩，結果孩子智能發展很好。第二個孩子出世時，由於工作太忙碌，沒有時間特別教導，結果孩子資質平庸。再過幾年，他又添了第三個孩子，便下定決心撥出時間跟孩子玩、說話和遊戲，孩子的智能又發展得很好。

如果父母疏於和兒童前期的孩子接觸，沒有引導其遊戲、交談和說故事，孩子的智力發展就會受到限制。美國許多大學或研究所畢業的成人，雖然本身智力不錯，不過由於缺乏時間與孩子相處，不能適時給予應有的啟發，其子女在智能發展上，明顯不好。

父母常與幼兒說話，讀故事給孩子聽，清楚地解釋周遭的事物，對孩子的智能發展極有幫助。有些父母親很少跟孩子說話，孩子語彙不足，表達和理解能力便受到障礙。有些家庭習慣性不跟孩子說完整的句子，表達內容枯燥且沒有條理，甚至在鬧哄哄中過生活，孩子從未專注聽講，結果他們的基本語言能力得不到應有的發展，到了上學時，其智能表現顯然差人一大截。

此外，六歲以前就能閱讀的兒童，入學之後大多表現傑出。他們的閱讀興趣和能力，不是強迫學習得來的，而是父母在自然情境下，朗誦詩歌、閱讀故事和分享心得中，讓孩子自然的識字、閱讀和表達。

目前有不少年輕父母親，由於工作忙碌，便把孩子交給菲傭、不識字的保母或不適當的人照顧。孩子們缺乏早期教導和智能發展的必要環境，甚至連基本語言都未能得到發展，等到孩子讀書就學時，往往有遲了一步之憾。

不過，「亡羊補牢，猶未遲也」，怕的是父母親沒有及時發現，花點時間趕緊補救，或者一味責備孩子不用功，而未能協助孩子發展其基本能力，那就更難解套了。

2

心智成長的動力

別讓過度保護壓抑孩子的主動性

孩子的主動性，就是他生命的活力。主動才會好奇探索，觀察思考，從中得到喜樂和經驗；主動才會去嘗試、學習、開展其人生，實現他的美夢。

每一個孩子天生都有主動性。剛上幼稚園的孩子，就自動要幫忙洗碗，但父母怕他打破碗盤或弄髒衣服，而拒絕他，或哄他走開；有些大人甚至責備他，說些諷刺的話如「裝能幹！」「多事！」「成事不足，敗事有餘！」「你給我滾得遠遠地！」這類刺傷孩子的話，實在謬誤至極。

孩子在一開始學習時，主動性就這樣被抹煞了，其與生俱來的活力、好奇、嘗試與學習，皆被壓抑或扭曲，成為往後搗亂、壞脾氣、被動、懶惰等負面行為的因子。

孩子的主動性一旦被壓抑，不是變得狂野、頂撞或盲從，就是退縮拘謹；而兩者的共同點是對學習產生厭倦和乏味感。這時，即使強勢灌輸孩子知識和才藝，就算獲得良好的成績，他仍然感受不到興趣和快樂，因為他只是被動地配合。

失去主動性的孩子，在大人押著讀書的情況下，雖然也可以有好成績，但外力一放鬆，他便會停止學習。在大學和高中學科成績嚴重落後者，大部分是阻抗心理所造成的厭倦學習。

孩子不是只要有好成績就好，主動學習態度的養成才是根本。一對社經地位很高的夫妻，他們都是高專業工作者，在女兒小菁的多次要求下，同意其偕同班上三個小朋友，來家裡玩一個下午。孩子們吱吱喳喳，有說有玩，好不快樂。在玩耍間出現了這段對話：

「我好羨慕妳爸爸媽媽都大學畢業，你們真好！」一個孩子說。

「爸爸媽媽大學畢業有什麼好，整天管我讀書，煩死了！」

「你們家環境這麼好，大學畢業的人才辦得到；像我爸媽，每天忙著照顧生意，我們有時也要幫忙做點雜事。還是你們家好。」另一位也表示羨慕和恭維的意思。

「你們爸爸媽媽管你們讀書嗎？」小菁問。

「他們很忙，不管我讀書。」一位說。

「我不會的功課，爸爸媽媽也都不會，他們要我去問同學或老師。」另一位說。

「我爸爸媽媽離婚，他們才不管我哪！」第三位說。

「我最可憐！每天都被管著學英語、才藝、數學。我才羨慕你們哪！」小菁沉重地說。

這對夫妻偶然間聽到孩子們這段對話，像晴天霹靂一樣。「我們盡心提供好的教育，孩子卻覺得自己很可憐！」於是他們決定找專家諮詢。

我花很長的時間傾聽他們的問題和疑慮，一起討論補救的方法。我們選擇了努力的重點——培養孩子的主動性。這要從父母和孩子的互動中逐步建立，而不是一句話「孩子！你要主動學習」就能辦得到的。

3 主動進取的態度

信任和鼓勵提供孩子成長的空間

最近，我到朋友家作客，發現他們念中學的兩個孩子，表現得主動進取，不但肯做家事，暑假有自己的安排，對未來也有努力的方向和信心。而且言談之中，表現得自然不拘束。朋友說：「兩個孩子都表現得主動進取，令我們感到相當安慰。」

我好奇地問：「你們怎麼把孩子帶得這麼好？」他們伉儷互看了一眼，異口同聲說：「給孩子主動進取的機會。」他們相顧一笑。我接著問：「可否說說看？明天我把它寫在專欄裡，跟大家分享心得。」於是，我們開始了養兒育女的討論。

「我覺得以身作則最重要！大人生活沒有章法，孩子就跟著沒有章法；大人主動進取，行事樂觀，孩子就受到薰陶。」先生快人快語地表示自己的意見。接著是慢條斯理的太太說：「我們遵守幾個教育子女的原則，那是引發孩子順利成長的原因。」

「你能說說看嗎？」我追問下去。

「我們讓孩子一起做出決定。無論是做家事或戶外活動安排，一起做決定使孩子有自信，從而孕育主動的態度。」

「你們能信任他們的判斷力？」我問。

「一開始，讓他們做些簡單的選擇，像吃什麼菜，穿什麼衣服，怎麼布置家裡。我們一起做決定，在可以接受的範圍內儘量接受他們的意見，這能使他們主動。」她想了想，接著說：「當然我們也有否決權，但非不得已不輕易使用，而且用它時要說明理由。」

「你們怎麼尊重他們的選擇？」我問。

「這是教育子女的原則。有幾次我心裡不大贊同，但只要他們決定做的事，在不違法、沒有危險、不影響身心健康之下，我們儘量不去干預。」她的臉龐表現出耐心與寬容。

「還有什麼妙方？」她接著說：

「給孩子鼓勵，不是物質獎勵，而是給子女鼓勵，這能令他們成功順利。要緊的是，為孩子製造一些成功的機會，然後稱讚他的表現和成就；無論是在收拾玩具、打掃房間、學校功課等方面，都要協助他，製造成功的機會，然後鼓勵他，欣賞他。孩子的主動進取是經由大人的鼓勵而表現出來的。」

「還有什麼法寶？」

「把孩子的興趣帶起來。」先生信心十足的說，「孩子的興趣不是天生的，必須大人有興致帶他們去接觸各類事物和活動，讀書和求知也是一樣。孩子一旦有興趣，父母就該幫助他得償所願，主動進取的態度自然就發展起來。」

我們繼續聊了很久，賓主盡歡。本來只是交談閒聊，最後卻是從他們伉儷口中，得到教育子女主動上進的妙方。

4 自尊與主動性

學習之路上相輔相成的原動力

孩子的主動性，決定於他的自尊是否健康。自尊健康的孩子，對自己有信心，有較好的自我觀念，也能維持快樂開朗的生活態度。

孩子的自尊或自我觀念，是蒐集別人對他的看法而形成的，尤其是父母和師長的教養態度，對他們的影響殊大。如果對孩子採取批評、冷嘲熱諷和暴力對待，孩子的意識裡就形成一個不好的我；長期的失敗、挫折、受到排擠或鄙視，也會形成不好的自我觀念。這些都會造成不健康的自尊，成為壓抑其主動性和學習力的原因。

健康的自尊來自對孩子的欣賞和鼓勵。孩子表現好的，要及時欣賞和肯定；不對的要平心靜氣，教他正確的作法，這樣孩子的自尊就會比較健康，而主動性也會自然流露出來。

父母親每天都為孩子看功課，如果採取挑錯誤、指正缺失的態度教孩子，他的主動學習就會漸漸消失。例如你說：

「這篇文章字跡潦草，句子不通順，錯別字太多，要用功改正！」

「你粗心大意，又算錯了，現在把它改正過來！」

「你背得不夠熟練，再去背幾次！」

這種話說多了，孩子的挫折感加深，信心動搖，主動性就受到壓抑。

然而並非不要改正孩子的錯誤，而是在改正錯誤之外，還有更重要的任務，那就是欣賞孩子做得好的部分。父母親無論如何，必須練就好眼光，看出孩子身上的許多優點。例如你說：

「這篇文章立論很好，說理令人信服，是一篇好文章。我看到兩個錯別字，請把它改正過來，就很棒了！」

「我發現你數學思考和解題方式都很犀利，這是難能可貴的地方，至於計算上的錯誤，只要多練習就能克服！」

「你能為別人設想，我很高興！」

「我很欣賞你自己作的母親節卡片，精緻、用色大方。」

像這類的語言，有利於孩子信心的建立，從而養成他的主動性和自發性。

不過要注意的是，欣賞和讚美不可以無中生有，要真的發現值得欣賞的行為或表現，才可以說，不可一味灌迷湯，更不宜讚美與孩子年齡或身心發展不相稱的事。總之，透過培養健康的自尊，引發孩子自動自發，其要點有：

1. 發現孩子的優點，欣賞他，讚美他。
2. 一件事情做錯了，通常只是其中一個零件或一個小部分錯了；要先肯定對的部分，再糾正錯的部分。
3. 一起分享成功的喜悅。

4. 避免用批評、貶抑和體罰的方式糾正孩子的錯誤；最好的方法是平心靜氣，把錯誤說清楚，並告訴他正確的答案或方式。

孩子的主動性一旦培養起來，心智的成長就有動力，他會成為一個能不斷學習，適應力強而樂觀的人。

5

發展科學的態度

敞開心胸、發揮耐心接納孩子天生好奇的本性

觀察與探究是孩子們心智成長很重要的一環。培養孩子好奇、觀察和探究，不但可以引發他的樂趣，發展其科學的態度，同時也因為理性的思考，而紓解諸多非理性的懼怕，並充實了生活的樂趣。

美國一位科學教育學者羅維（Mary B. Rowe）說：我十一歲時，跟著科學班去參觀普林斯頓大學，在噴水池前碰到當代第一物理學家愛因斯坦（Albert Einstein）。他伸出手指上下晃動，有好幾分鐘，然後轉過頭來問我：

「你能這樣做嗎？能看出一滴滴的水珠嗎？」

我模仿他，伸出手指上下晃動。忽然間，噴水池的水柱似乎凝住了，成為一滴滴的小水珠。我們兩個人站在那兒有好一會兒，練習頻閃觀察術。他要離開時對我說：

「千萬別忘記，科學只不過是跟這差不多的探索和樂趣。」

隨後將近半個世紀，他致力於把愛因斯坦這句話，轉告給全世界的大人和兒童。可惜，能把科學這科目教得生動有趣的學校太少了。他接著說：

「兒童本來是天生的科學家，直覺渴望研究周圍的世界。你不需要許多科學術語或昂貴的實驗儀器，只需跟他們一起尋根究柢就行了。」

希望所有的父母親能注意這個教育重點。我自己年輕時，帶著孩子四處觀察探究的經驗，直到現在想起來仍覺興奮有趣呢！

九二一大地震之後，我曾到災區服務，看到一位老師帶著幾個孩子，大家一起觀察，分享困惑，討論他們的問題。我聽到他們的對話：

「為什麼一排房屋中，最後一間受到地震破壞最嚴重？」

「我們應該多觀察這是否屬實，再多看幾個地方才能確定它。」

「如果確實這樣呢？」

「那就繼續觀察，查資料，找出解釋它的原因。」

我相信科學探究的態度，不是來自記誦和閱讀，而是來自好奇、觀察和思考的樂趣。它使我們變得清醒、理性，並發展出求真的態度和喜悅。要培養孩子積極探究的科學態度，請注意：

1. 聆聽他們的發問：你未必能提供問題的答案，但你的聆聽和好奇，就能引發孩子的好奇和觀察天賦。
2. 跟孩子說，讓我們一起看看：眼前的事，當然可以看個究竟；非眼前的事，則可以想想看，例如「鳥兒晚上睡在哪裡呢？」或許可以透過想像和討論，再找機會觀察。
3. 指點勝於回答：給他時間思考，不要塞給他現成的答案。
4. 注意彈性思考：孩子跟你討論問題時，避免脫口就說「對」或「很好」。這種語詞適合於生活規範的培養，但對於科學態度無益，你要好奇地說「那真有趣！」「這很新鮮，我以前沒有這樣想過！」

孩子天生具備好奇的本性，只要你保持聆聽，帶他觀察，探索個中就理，從而得到樂趣，那麼科學的態度就會發展開來。

6 培養觀察力

切莫錯失建立求知態度的機會教育

教導孩子培養觀察力，無異提升他的智力和情緒品質。不過，方法必須正確。實際上，孩子的觀察力是從大人那兒學來的。觀察力不是視覺和看而已，而是從看與知覺中，學習對事物做精確的掌握。因此，他需要養成正確的習慣、耐性和喜歡觀察的態度。

星期天的上午，秀真和我一起去爬山，春光無限好，春風更怡人，陽光灑落在新綠上，蹦出許多蝶飛蜂舞，奏出蟲鳴鳥叫。我們在蜿蜒的小徑上，散步迎春，偶爾也迎著春景說幾句，或哼幾句。景緻太美了，只要靜下心來，樹木花草，遠雲近樹，令人目不暇接，驚奇不已。

累了，我們就找個石凳坐下來，更可以靜物觀賞，看到春的巧手，在花苞上留下秀麗的神韻。隨後，我們的目光被一隻蜥蜴吸引住，看著牠靈巧的動作，獵食的速度和姿勢，吞食時嘴巴的精巧咬合動作。我們仔細觀察，發現牠的前腳各有五個爪；後腳如何，看不清楚。我們欣賞牠的眼睛，亮得令人叫奇，泛黃的腹部，正配合呼吸舒張，形成美麗的肢體線條。我們看牠，牠似乎也在看著我們；霎時彼此成了朋友，有著幾分親切的感受。

兩位十歲左右的孩童，由家人陪同一起上山。他們來到跟前，也被這隻蜥蜴吸引住。他們停下來觀看，互相通報「這裡有一隻蜥蜴！」於是全家人一起湊上來看個清楚。不一會兒，因為他們說話和動作太大，驚嚇到蜥蜴，牠調頭跑掉了。孩子們乘機追尋，牠跑得更快更遠了。我坐在那兒，看到這一幕，不禁笑著問孩子：

「小朋友！你看過蜥蜴，觀察了好一會兒，牠有幾隻腳？」孩子被我這一問，也許是怕生吧，沒有回答。

孩子的父親覺察到我的善意，便重問了一遍：「蜥蜴有幾隻腳？」孩子以搪塞的口吻說：

「好像有六隻！」我又問：

「每隻腳有幾個爪？」

「三個。」

就在談話中，孩子們一溜煙向前跑去。我只能站起來，提著嗓子告訴他們正確的答案。但只見這一家人，嘻嘻哈哈走過去了，沒有回話，也沒有校正答案。

我淡然一笑，跟秀真互看一眼：「蜥蜴朋友已經走了，我們也該下山了。」我們循著小徑下山，回程中秀真說：「孩子觀察時的細心，是讀書的細心；觀察的態度便是求知的態度。父母若未能及時在生活中，教會他們仔細觀察的求知態度，卻每天盯著孩子用功讀書，就不免本末倒置了。」我完全同意她的看法。

7 好奇與嘗試的勇氣

需要父母的支持與鼓勵才會滋長茁壯

孩子具備天生的好奇，不過好奇心在幼稚園階段，如果不做適當的引導，會變成沒有章法的試探，危險多，對於智能的發展，也缺乏積極性的作用。反之，如果你一味以冷漠或貶抑去對待好奇，那麼好奇和創造力就會開始壓抑下來。

星期假日，我習慣到台北近郊山區散步，累了就選擇一個林蔭好、視野廣的地方小憩。這一天是個冬暖的好天氣，我坐了很久，也就有機會看到一批一批，帶著孩子郊遊的過客，他們的聲音從遠處傳來，越走越近，喧鬧地從我身邊過去，歡笑聲又漸遠，然後消失在另一端的小山丘。

一對夫妻帶著兩個孩子，隔著我只有十幾步遠，席地而坐，用起野餐來。對我而言，好像天上飛來的鄰居，樂於接納，在靜默中跟他們分享友誼。我們目光交會處，迸出了會心的點頭，除此之外，我靜坐，他們享用野餐。看著那位愛探索的小男孩，約莫十歲光景，四處打量，似乎在尋找什麼，對附近的花草昆蟲，都抱著興趣。他從我對面的一棵老樹下，挖出了一塊石頭，興致勃勃的跑到父親那兒，說：

「爸爸，你看我找到一塊奇石，多麼美麗！」

「看！你把自己弄得髒兮兮地。」父親以冷漠的表情責備孩子。當時，我只看到那孩子臉色一沉，好像被遺棄一樣，木然地把那心目中美麗的奇石丟到矮樹欉裡。我的心就像那塊奇石一樣，沉寂起來，我知道那是一種不知覺的壞身教。

觸景生情，腦子裡不禁浮現自己孩子的活潑身影。在他們童稚的時候，無論到高山或到海邊，在河床或在森林，他們總有捕捉不完的好奇。小心靈不斷浮現他們的夢想，眼光不停迸出新的觀察，問不完的問題，數不清的疑惑，都會融合在探索和好奇的喜樂和尋找答案之中。

於是，我們要買自然科學的書來查閱，等他們再大一點，就必須到圖書館裡查資料。當然，他們的老師也是協助他們解決問題的重要人物。

有一段時間，孩子們只要去郊遊，總是蒐集了一堆石頭回來，把兩個口袋裝得滿滿的。我好奇地問：「那是什麼寶藏？」孩子說：「我觀察過學校裡的岩石標本，老師說只要看到類似的，就撿拾起來，建立自己的標本；如果有跟標本不同的，可以拿去跟老師討論。」我讚賞他的研究精神。「我正嘗試一套新的標本，有些是學校沒有的，那是我的新發現。」他肯定且滿足的對我說。

眼前我看到的是一位失意、好奇心和嘗試勇氣受到打壓的孩子。當時的情境，沒有我插手的餘地，只好跟那孩子打打招呼，就寞然下山了。而我的腦海裡卻浮現跟我一起長大的兩個孩子，他們的新奇眼光，也許這會兒又在實驗室裡尋找什麼新鮮事。

8 學習專注的能力

循序漸進的培養才是務實之策

許多父母為孩子不能專心讀書而煩心，他們在桌前坐不到幾分鐘就起來玩，或者淨坐在那兒發愣。有些孩子甚至整天在學校都沒法專注聽講，渾渾噩噩地過日子。

孩子注意力不能集中，要先去找醫生做個檢查。如果沒有什麼問題，那就要及早培養其專注的能力和習慣。孩子專注的能力是學來的，要在就學之前培養起來，將來在學習和心智成長上，才不致有困難。以下是培養孩子專注的幾個要領：

1. 專注是一種習慣，越早培養越好。

2. 打擾與心理困擾容易使孩子分心。
3. 環境影響專注。
4. 動機強烈能令人專注。
5. 目標明顯、有時程的計畫，比較容易專注。

孩子出生之後，你若能給他愛和親密，多跟他說話，逗著撫愛，教他看周邊的景物，就能發展智力、語言和專注力。事實上，這幾個能力是相互依存的，研究指出，越早注意這方面的培養，對孩子的學習和心智發展越有利。

孩子專注的時間，由短而長，當他能坐下來專心玩玩具時，就開始發展較長的專注力，這時你可以陪他玩，一起說故事、玩遊戲，而將專注力延長得更久。對於學齡兒童，你如果發現他專注力不夠時，可以要求他先做一部分，漸漸增加，每一次成功都要給他鼓勵。

孩子在做功課時，沒有必要就不要打岔。有些父母親自己閒著無聊，就跟孩子說話，這是錯誤的作法。「小華！過來爺爺這裡，我有好玩的東西給你！」爺爺總是在孫子做功課時打擾他，約他一起說故事，這會使孩子專注的習慣培養不起來。

孩子能否專注做功課，跟環境有關。書桌上擺置許多玩具、模型、娃娃等，當然容易使孩子分心。因此，在讀書做功課時，要先收好玩具，放在玩具櫃裡；書桌上騰出做功課的空間，把鉛筆盒及文具放定位，要做的功課擺好，孩子就能專注下來。

其他桌几上擺了許多玩的、吃的、看的東西，也會使孩子分心；大人看電視、吵架、大聲說話，甚至鬧糾紛和婚變等等，都會影響孩子專注的學習。

有明顯的目標，容易引發高度動機。對所學的東西，看得懂，做得來，又有人可以互相切磋，自然能引起積極主動的學習興趣，這就能夠專注學習。更重要的是，父母若能欣賞孩子專注工作和學習的成果，從而表示歡喜，那麼，孩子就會想像下一次成功的喜悅，而更加專注。

最後要提醒，專注有時限性。努力之後就得休息，才能保持清醒和專注。如果孩子在專注之後稍作休息，你卻指責他不專心，那麼困擾的心情將影響其專注的能力。

9 克服分心的惡習

把握原則並善用技巧培養專注的習慣

學習時分心是一種壞習慣。你的孩子會分心嗎？它是可以克服的。

心理學家的共同看法是，讓孩子知道學習對他的好處，就能使他專注，避免學習時分心。他喜歡的，感到興趣的，能理解和自己操作的，都是對他有好處的東西。

父母親常跟孩子閒聊所學的東西，興趣盎然地參與他的學習，跟他一起討論、了解和思考，也能帶動孩子的興趣。孩子學會活用的知識越多，越能促成學習的興趣和能力，這也能引發他的專注，從而擺脫分心。

除了這些動機性的因素之外，幫助孩子培養專注，還有以下幾個技巧：

1. 安排時間和學習環境。
2. 避免干擾造成分心。
3. 增強集中精神的學習技巧。
4. 確定完成學習的目標。

父母要叮囑孩子，下課回到家裡，先把功課做完才可以玩。一定要養成先付出代價，再享受報償的習慣，這有益於兒童責任心的發展。要求兒童回家先做功課，是最有利的安排，這有兩個原因：其一是孩子在放學回家途中，已充分的休息，學習效果較好；其二是父母下班回家時，孩子有成就感可面對大人，容易跟父母討論交談。

做功課要避免干擾，因此要關掉電視，準備適當的書桌，提供良好的燈光，把環境打理得清爽不凌亂，孩子比較不易分心，而專注完成其功課。

可能干擾孩子分心的除了環境因素之外，還有人為的騷擾。例如孩子邊做功課，大人斷斷續續給他吃的、喝的、玩的，甚至還跟他打趣或鬥嘴，這樣都會影響其專注力。此外，鄰居孩子呼朋引伴，也會影響孩子專注。因此，與鄰居孩子遊玩，應另做安排，不宜在做功課時間互相干擾。

指導孩子透過製作圖表、筆記和大綱，甚至利用錄音機等工具，讓孩子更專注，更能集中精神學習。邊讀邊寫能增強專注和記憶；把要背誦的課文或詩篇錄在錄音機裡，重複播放出來聽，能增進背誦的速度；邊讀邊表演，有助於故事的理解和情意的啟發；誦讀與吟唱，有助於熟記、紓解和創造；與父母討論和交談，能產生更多共鳴和啟迪。

最後，要指導孩子留意進度。在做功課前，要確定學習的目標，準備在多少時間內學會什麼；由孩子控制進度，能使孩子更集中精神學習。當孩子專注完成學習時，應表示欣賞或鼓勵。

專注是一種習慣，是培養得來的，父母親能在日常生活中，養成孩子專注學習的特質，等於給了他一筆龐大的財富。

10

培養閱讀習慣

分享閱讀的樂趣比光督促孩子有效果

培養孩子良好的閱讀習慣，就像建造溝圳，引水灌溉，豐收是必然的事。有人以釣魚來比喻：要讓孩子有魚吃，就得教他怎麼用釣桿，而不是釣魚給他吃，我覺得這的確是妙招。

我非常重視孩子的閱讀興趣，所以在他們還是幼童時，就每天念一兩段兒童讀物給他們聽。溫馨的故事，能啟迪孩子友愛和同理心；科學的知識和報導，帶給他們好奇與遐想；寓言故事，趣味中蘊含深邃的啟發；歷史人物和事蹟，給孩子帶來憧憬。

從父母念書給孩子聽，到孩子主動閱讀；從大人買讀物回家，到帶孩子上書店選購書本。孩子閱讀的類型愈見廣泛，知識增加，文字表達漸有進步，從而能思考、討論和判斷。聆聽他們天真的童語和想像，為人父母者既安慰又喜悅，因為他們也帶給我們不少新知。透過孩童的眼睛和思考，純真敏銳的看這個世界，無論是自然科學或歷史故事，常令我們耳目一新，快樂無比。

童年的閱讀習慣一旦培養起來，往後就能主動閱讀，主動學習。大一點就能自己跑書店，自己尋找新知，有時，還會帶新書回來給你，「嘿！這本書值得你們一讀。」真妙！如果你想培養孩子的閱讀習慣，我建議：

第一，找好書念給孩子聽。對兒童而言，好書就是立意正確，適合他們的程度，無論是科學、童話、遊記、歷史故事等等，都值得念。念給孩子聽，才能引發他對閱讀的興趣。

第二，要念得自然，並共同欣賞內容，切忌拿它來考試。閱讀要著重在欣賞，這才能引發興趣和討論，打開他天真好奇的求知性情。請注意！如果你念完之後就「考試」，要看看他記得多少，孩子反而會因為懼怕挫敗，而產生逃避行為。許多孩子不再喜歡閱讀，實肇因於此。

第三，孩子主動閱讀時，自然會念給你分享。這時你要聆聽，詢問你不清楚的地方，表示對它的興趣，這就是最好的鼓勵。不過，每天你還是要繼續念書給孩子聽，最好是在睡覺前念一段有趣、溫馨、記實的好文章，直到國小畢業為止。這能使孩子閱讀興趣更濃，增進其語文表達能力，並建立親子的親密關係。

第四，帶孩子到書店挑選讀物要有耐性。要有充裕的時間讓孩子翻閱，並和他討論、決定買哪些書。父母一定要參與挑選，避免孩子看暴力、色情或觀念混淆的書籍。購書時也可以把漫畫書列入採購範圍，不過數量不宜太多，更要注意品質。

讀書習慣需要透過氣氛和身教來培養，父母有興致閱讀，孩子自然會閱讀。親子之間分享閱讀的樂趣，比催促孩子閱讀要有效果。另則為保資訊常新，家裡需要一份合乎孩子程度的報紙或雜誌，它能給孩子良好閱讀的助力和素材。

11

指導有效學習

將學習技巧自然輕鬆的融入家常中

兒童應該儘早學會有效學習的方法。只要有適當的技巧，兒童可以改善其學習能力，對於未來的心智發展，有關鍵性的影響。

多年來我觀察兒童及青少年，發現他們成績落後的原因是缺乏學習技巧。現在，歸納幾個有效幫助兒童學習的技巧如下：

1. 在閱讀時要先看全景，再讀細節。

2. 要重視慢讀和細讀。

3.透過辨別、分類和思考的步驟，構成理解和系統觀念。

4.學會記憶的技巧。

兒童在閱讀時，容易立刻埋首其中，逐字逐句讀了起來，這樣很像書蟲在蛀書，效果並不好。應該先瀏覽一遍或略讀小標題及插圖等，然後再進行細讀，這能增加了解和記憶。粗看一遍，再行細讀，是閱讀的第一個技巧。

有些孩子，學期一開始領到新書後，即刻從頭瀏覽一遍；每讀一課，乃至背書，都採取先粗看再細嚼慢嚥的方式，他們的成績表現都比較傑出。

父母應指導兒童把課文或文章讀出來，默讀或朗誦均可。要讀得細，看得清楚，邊讀邊想；了解它，欣賞它，跟內容共舞共鳴。如有疑難，立刻重讀和思索，直到了解為止。這時孩子閱讀的專注和興趣，自然可以表現出來。所以，你要選擇兒童能看得懂的讀物，超過孩子能理解的東西，只能死記，不能造成領會和活用。

觀察事物，閱讀文章和資料，或學習課程中的各個單元，皆要透過孩子的腦力自行辨別、分類和歸納。父母要跟孩子討論，透過你的歸納能力，協助孩子建立歸納的習慣。例如讀一篇文章或課文，父母宜先示範，說出它的條理、主要的觀念和內容，再和孩子討論和補充。慢慢的，孩子也學會自行歸納、思考和理解的方法。

有些父母親，把教導子女閱讀和觀察的技巧，安排成閒話家常，在自然輕鬆的狀況下進行，孩子從而得到啟發，並感覺受用，這是令人激賞的方法。

幫助兒童記憶，可以用重複提醒的方式，加強他記憶庫中的資料。我們發現記憶活用的觀念，有助於孩子記憶更多東西。腦子裡空空的孩子，類化能力差，記憶能力也比較差。最常用來加強記憶的方法包括：有趣的聯想、熟記關鍵字和透過圖像加深記憶。

幫助孩子學會有效學習，等於教給他釣魚的技巧，他終生有魚吃，就會像滾雪球一樣，發展出更多屬於自己的學習技巧。

12

用鼓勵代替貶抑

鼓勵的話一生受用，貶抑的話終生受創

父母親跟孩子說話要小心謹慎，可別低估你一句話的影響力；對孩子而言，它可以載舟覆舟。如果你不經意就罵孩子「你這沒有用的東西！」「我看你這窩囊廢！沒出息！」孩子會受到嚴重傷害。反之，若能把握孩子的優點，及時表示欣賞和肯定，他的信心和勇氣，就會從中滋長出來。

最近，一位朋友告訴我他小時候很喜歡唱歌，在家裡沒事時，就會把學校教的歌吟唱一番，自認唱得很好，也唱得很高興。有一天，父親在聽到他的歌聲後說：「你的歌喉不好，唱得不動聽！」從此他就不再唱歌了。

有許多人，對自己的子女抱著愛之深、責之切的態度，習慣性地批評孩子的缺點，一再重複一句負面的話，讓孩子的信心和自尊受到重創，卻不能覺察知曉。我在心理諮商工作中發現，有不少孩子，長期受創於同一句負面的話，造成心智扭曲，適應困難。

因此，父母親得留心自己與孩子對話的品質，要避免負面批評和傷害自尊的話語，即使有所指正，也要對事不對人，不做人格的貶抑。父母親最好能多發掘孩子的優點，及時予以鼓勵和欣賞，孩子自然能孕育充沛的活力，走出光明的未來。

美國作家喬伊絲・布拉德斯（Joyce Brothers）寫道：

> 我小時候曾和父母親一起討論羅斯福總統的施政：他想把聯邦最高法院的法官全換成自己人，好推動他的新政。父母親在言談中，都希望羅斯福總統能成功，但我提出異議：如果他成功，等於完全控制最高法院，司法就失去了它的功能。那時，父親專注聆聽我的一字一句，點頭示意。

幾個星期之後，羅斯福的計畫失敗了。當天晚餐時，父親打開一瓶果汁，倒在香檳杯遞給大家說：「我們為喬伊絲乾杯。你能堅持自己的觀點，結果你說對了。」當時，我的感覺好像獲得百萬獎賞，到現在還記憶猶新。父親為我培養的信心，陪伴了我一生。

有些人很幸運，得到父母的欣賞和鼓勵，培養出一生受用不完的豪氣和信心，樹立了積極堅毅的生活態度。有些孩子則在批評、嘲諷、貶抑和凌辱中長大，扭曲了他的自尊和自信。一句話能扶人，也能傷人，所以我希望父母親能給孩子有用的話，能令他堅強振作的話，而不是抨擊和貶抑。

國家圖書館出版品預行編目資料

發揮創意教孩子：培養主動學習、樂觀上進的教導新點子 / 鄭石岩著. --初版. --臺北市：遠流, 2006 [民95]
面；　公分. --（大眾心理館鄭石岩作品集. 親職與教育；2）

ISBN 978-957-32-5923-7（平裝）

1.親職教育　2.父母與子女

528.21　　95020142